A Secluded Retreat: The Century-Old Prince Qing's Mansion

避世幽居 百年王府

宋　昆｜丛书策划
姜雨晨｜编著
张　畅｜校注

天津大学出版社
TIANJIN UNIVERSITY PRESS

图书在版编目（CIP）数据

避世幽居　百年王府 / 姜雨晨编著. -- 天津 : 天津大学出版社, 2025. 7. -- (打卡津城). -- ISBN 978-7-5618-8054-8

Ⅰ. K928.712.1

中国国家版本馆 CIP 数据核字第 20251090SW 号

BISHI YOUJU BAINIAN WANGFU

出版发行	天津大学出版社
地　　址	天津市卫津路 92 号天津大学内（邮编：300072）
电　　话	发行部：022-27403647
网　　址	www.tjupress.com.cn
印　　刷	廊坊市瑞德印刷有限公司
经　　销	全国各地新华书店
开　　本	787mm × 1092 mm　1/32
印　　张	7
字　　数	140 千
版　　次	2025 年 7 月第 1 版
印　　次	2025 年 7 月第 1 次
定　　价	68.00 元

“打卡津城”书系

丛书策划：宋昆

避世幽居 百年王府

编著：姜雨晨

校注：张畅

顾问：李琦琳　石玮

英文：牌梦迪

摄影（除注明外）：刘悦　安红　何方　何易

鸣谢：天津市现代艺术文化交流服务中心
天津市历史风貌建筑整理有限责任公司
天津市城市规划学会城市影像专业委员会

庆王府雪景（石三生 摄）

序言
Preface

作为“国家中心城市”与首批五个“国际消费中心城市”之一，天津这座河海交汇处的千年码头，正以文旅融合为引擎，将历史文脉转化为消费动能，以九河下梢的地理基因为脉络，将蓟州长城戍边文化、运河商贸遗存、租界建筑美学、博物珍藏体系、非遗工匠精神与市井饮食哲学熔铸成多维度体验网络。从黄崖关的烽烟到滨海新区的霓虹，从独乐寺的晨钟到相声茶馆的笑声，这座城市以兼容并蓄的姿态，持续书写着传统与现代交融的文旅篇章。

始建于北齐的黄崖关长城，尚保留着明代戚继光重建的空心敌台；太平寨段依稀可见 1900 年抗击八国联军时留下的弹痕；八卦城的迷宫设计为长城孤例；梨木台野长城上，尚未开发的城墙上藤蔓交织，春季山花掩映着敌台残垣。

晨光中的独乐寺观音阁静立如初，建于 984 年的木构撑起 23 米高的信仰空间。站在观音阁的阴影下，抬头望去，16 米高的十一面观音俯视着人间，衣袂垂落如凝固的星河。

南运河、北运河、子牙河汇合而成三岔河口，是为天津城市发源之处。运河遗产廊道中的北运河文化带从三岔河口至武清段，保留了清代漕运码头遗址，沿岸分布 14 处闸坝遗迹。南运河畔的杨柳青古镇有元代会通河故道穿过。杨柳青年画是天津的一张亮丽名片，石家大院与年画作坊构成活态博物馆。

天津的母亲河——海河，是串起城市六百余年记忆的玉带。乘仿古画舫从三岔河口启航，两岸风景如历史长卷徐徐展开。永乐桥，得名于 1404 年朱棣渡河，如今“天津之眼”摩天轮在桥上缓缓旋转；金汤桥，是 1949 年解放天津战役中的胜利会师地；解放桥，每逢节假日灯光秀璀璨夺目，其盛况更胜 1927 年万国桥的车水马龙。

保佑海河上来来往往渔民船夫的天后宫是中国现存较早的妈祖庙，其元代基址与清代大殿共存。每逢天后诞辰，沿河船户、周边信众纷纷到来，各地商贾云集，热闹非凡，这也造就了天津最著名的商业街——宫南、宫北大街（今古文化街）的繁荣。

号称“万国建筑博览苑”的五大道历史文化街区，191.62 公顷内集聚四百余栋“小洋楼”，每栋洋楼都静默如一部立体史书。意风区的马可波罗广场上，和平女神像手握橄榄枝眺望远方，饮冰室见证了梁启超的报国情怀，河北区实验小学教学楼改造而成的钟书阁俨然成为新时期的文化地标。

国家海洋博物馆、天津博物馆、天津自然博物馆、北疆博物院……向人们讲述从远古到未来的沧海桑田。平津战役纪念馆、周恩来邓颖超纪念馆……向人们讲述发生在这里的红色故事。

体验非遗工坊里的手作时光，探寻与杨柳青年画齐名的泥人张彩塑、风筝魏风筝的活态传承密码；天津的相声、鼓曲，汉沽飞镲、庆云高跷、大沽龙灯等传统技艺焕发了新生。它们与独流老醋、沙窝萝卜、小站稻以及天津三绝、津味早点、津菜等舌尖上的非遗，共同构成了传统与现代共生的市井文化。

从蓟州长城到滨海新区，从运河船宴到津塔云端，天津正以文旅为纽带，将国家中心城市的战略使命与国际消费中心的市场活力深度融合。这座城市将六百年的历史厚度转化为消费新场景的广度——在博物馆的智能导览中，在非遗工坊的指尖技艺里，在煎饼馃子的市井烟火间，天津正以古今交融、中西合璧的独特气质，在京津冀协同发展的国家战略中，打造世界级文旅消费目的地。

天津最动人的风景，不在景点名录里，而在那些鲜活的相遇时刻。

带着这套“打卡津城”丛书——从天子渡口到烟火人间的深度行走指南，遇见那个将岁月化作艺术、将日子编织成段子的天津。

2025 年 7 月

承荫厅木门

目录
Contents

引子 / “遇见”庆王府

Prologue: "Encountering" the Prince Qing's Mansion

在名人故居云集的五大道街区，有这样一座极为特殊的建筑。在以精美著称的花园别墅聚集区，这座宅院凭借着它的富丽堂皇、气势恢宏而被誉为天津旧英租界的“华人楼房之冠”。它是天津唯一一座真正的王府，因末代庆亲王爱新觉罗·载振在此居住 20 余年而得名。

不睹皇居壮，安知天子尊？

庆王府位于天津市和平区重庆道 55 号。它与传统印象中廊腰缦回、檐牙高啄的中式王府建筑迥然不同。高大庄重的围墙之内是一座砖木砌构，整体水刷石饰面的二层（局部三层）楼房，乍看上去是明显的西式建筑——这是皇亲国戚进了租界也不得不“入乡随俗”的结果；细看之下却有明显的中式设计理念甚至宫廷元素。西式花园洋房是花园包围建筑，庆王府在花园之外紧贴围墙还建有一圈附属平房，采用的是房屋包围院子再包围房屋的中式传统合院与花园洋房相结合的设计。这种合院式理念延伸至主楼，主楼内部所有房间均在四周，一层共享大厅中空至顶，俨然一个不露天的四合院。花园里，小桥流水、山石掩映的中式园林造景与西式草坪喷泉巧妙融合，相映成趣。主楼回廊上的西式古典廊柱之间均匀排列着数百根蓝、绿、黄三色琉璃柱，其釉面的色彩与紫禁城内琉璃瓦毫无二致，唯有

庆王府所在区域示意图（赵一铭、杜千禧 绘）

王府花園

重庆道上的庆王府

官窑能够烧制，别无他法。入内更是别有洞天：巧夺天工的双面透雕阴沉楠木，光影绚烂的彩色玻璃上蚀刻着一幅幅山水画，目之所及的每一处细节都蕴藏着设计者的巧思与匠心。旧租界区建有无数中西合璧的折中主义建筑，但大都为单体建筑，像庆王府有如此大体量，又能在设计上将中西元素毫不生硬地结合在一起的，可谓绝无仅有了。

庆王府不同于那些暴发户的豪宅，只能凭借对宫墙之内的遥望与想象描绘虚假的黄金屋。它的华美典雅与皇家气度，如果不是深谙宫廷生活之人是无法仿建的。即便经历了百年的风吹雨打，旧日胜景依然斑驳可见。这座天津唯一的王府，是清朝末代庆亲王爱新觉罗·载振的府邸，然而载振并不是它最初的拥有者。这座宅院的原主人也是它的设计者，其名号完全不逊于载振，末代皇帝溥仪曾用八个字形容他——“贵敌王侯，富埒天子”。他就是清朝四大太监之一，也是继李莲英之后的最后一位大总管太监——小德张，因此庆王府本是一座“管家府”。

1925 年，这座小德张用时一年、不计成本打造，住了不到三年的府邸，被载振以高价买去，从此开启了它 20 余年之久的王府时代。或许，这正是让这座本就充满皇家气派的府邸获得一个合适的身份的机缘。

旧时王谢堂前燕，飞入寻常百姓家。

权倾一时的总管太监与享世代福荫的皇室贵胄，为何都选择离开皇城，到天津租界安家度过余生呢？这是他们在当时特殊的政治环境、历史背景之下的一种避世保全之举。

第二次鸦片战争后，天津被迫对外开放，至20世纪初逐渐形成了九国租界。租界享有行政自治权和治外法权，成为所谓“国中之国”。在列强的武力庇护下，租界或多或少避免了不安定局势的滋扰。辛亥革命后，城头变幻大王旗，中国进入了政治、经济、社会变革最为激烈的时期，而这也恰恰是天津租界建设如火如荼、发展最为迅速的时期。清王朝的覆灭使晚清权贵们突然失去了皇权庇护，于是遗老遗少们选择就近到天津的租界作寓公。在这里，他们或依靠殷实的家底颐养天年，或徒劳挣扎、做着光复清室的春秋大梦。同样做此选择的还有北洋军阀。他们争斗不断、互相倾轧，形势瞬息万变，失势下野的军阀也选择天津租界作为他们暂时蛰伏、收集信息、伺机而动的“后院”。他们带来大量资产，不仅用于自建住房，还热衷于投资工商业，客观上促进了租界的发展。在这两种人群之外，随着天津工业和贸易的发展，一大批有经营才干的实业家、银行家，以及医生、律师、报人等白领阶层，也大量涌入租界，他们共同致力于打造一个舒适、典雅、现代的宜居环境。

诸多租界中，英租界开发最早，存续时间最长（85 年），基础设施建设也最为完善。庆王府所在地为英租界“墙外推广界”。英租界最高行政部门最初划定该区域的目的，即为建造高级住宅区。20 世纪 20 年代，正值英国“花园城市”理念盛行，五大道地区就是按照该理论进行规划与建设的。这里绿化植被丰富，街道开阔，环境优雅，自来水、下水道、垃圾处理、消防等设施一应俱全。界内不但有学校、医院、花园，还有体育场、游泳池、墓地。小洋楼的室内，一般都配有抽水马桶、浴缸、暖气、锅炉等设施。由此，这里形成了非常适宜居住和生活的空间与环境，成为上流社会的华人择居的不二之选。

今日的五大道，早已不见旧时宅门深锁的静谧、纸醉金迷的沉沦或者暗流涌动的气氛，取而代之的是喧闹繁华的人间烟火气。沿着重庆道一路前行，在商铺与餐馆之间，你会不经意间邂逅一个又一个曾影响着历史轨迹的名字：“民国第一外交家”顾维钧、奉系军阀“辅帅”张作相、内阁总理龚心湛、陆军总司令关麟征、近代教育家严修……他们代表的是民国争权夺势的烽烟四起；是近代中国断发易服，在风雨飘摇中面向世界的艰难转身。相比之下，末代庆王爷载振似乎不那么“苦大仇深”。他不是盲目守旧的顽固派，在朝为官执掌商部时，能够顺应时代潮流尝试变革；清朝覆灭后，他也不像堂兄弟载涛之流仍幻想光复大业，而是安心做起逍遥自在的寓公，每天睡到日上三竿，出门便直奔戏园子看戏。除商业投资外，载振把自己大部分的精力用于享乐，赏鱼、遛鸟、斗蛐蛐……家中子孙仆人依旧对他恭恭敬敬，遵守旧礼，革命轰轰烈烈的历史车轮仿佛绕过了这方院子。透过载振，我们似乎能看到一个又一个精致而讲究的躯壳，他们在轰然倒塌的王朝废墟里，踽踽独行。

经过大规模整修后，庆王府现在已是开放给游客参观的展览馆。当年的庆王载振是不许晚辈和下人随意出入他的卧室和书房的，不知他看到今天游人如织踏破门槛的场面会作何感想？是摇着头唏嘘世风日下，还是欣慰后世“百姓”仍尊他一声“庆王”？他看着孩子们在花园里奔跑嬉闹，是否会回想起昔日儿孙满堂承欢膝下的场景？从他六十大寿以后，府上已经太久没这么热闹了……

对于建筑来说，每一任主人都是它的过客，时移世易，它只是在不同的时代完成自己不同的使命。建筑是包容而仁慈的，不论一介布衣还是达官显贵，它平等地庇护每一位到访者，不问因由，不问过往，对每段莫能言说的秘辛守口如瓶。但是作为建筑的创造者和使用者，为了营造“理想之家”，总会费尽心机留下强烈的个人印记。这便是住宅建筑最有趣的地方。

庆王府花园一侧

如今，焕然一新的庆王府像一位忠实而诚恳的老管家，静静站在那里，敞开心扉，等待着每一位客人去探寻、去感受前主人们在这里生活过的日日夜夜。

1 / 深宫与高墙

The Grand Palace and High Walls

庆王府始建于1922年。院内为中西合璧式建筑群，拥有五大道地区（属旧英租界推广界）为数不多的相对较大的园林。主楼位于院中央，主楼北侧设有二层附属用房。院内占地约4327平方米，建筑面积为5922平方米。载振之子溥铨回忆，旧时庆王府曾有120多个房间，可见规模之大。

主楼坐北朝南，采用矩形平面布局，巧妙融合了砖木工艺与现代混凝土技术。青砖墙体承载着中式建筑的厚重底蕴，水刷石外立面则折射出二十世纪初建筑材料革新的时代印记。中庭的梁板、承重柱与外廊平台等关键部位均采用钢筋混凝土工艺，印证着彼时中国主要城市在建筑领域与国际潮流的同步演进。

主楼为内天井围合式建筑，局部三层并设有地下室。步入主楼，空间布局呈“回”字形，由外及内依次展开。外回廊环绕着使用房间区域，一、二层房间均为“明三暗五”对称布局，一层设有客厅、餐厅及卧室，房间通过穿堂过厅有机串联，既保持私密性又形成流畅的动线；二层主要为卧室及书房，内侧围绕大厅设有列柱式回廊；三层用于祭祀祖先的祠堂为载振购楼后局部增建。350平方米的恢宏中庭位于中央，木构四坡铁皮屋面下，高达11.5米的共享空间向上直通穹顶。建筑内外回廊的设计堪称点睛之笔，黄、绿、蓝三色交织的六棱琉璃柱与水刷石墙面互相映衬，在光影流转间演绎着传统与现代、东方与西方的美学对话。

院落北侧二层附属建筑紧贴围墙而建，对应主楼入口位置设过街楼，其下形成进入主楼的门廊空间，可遮风挡雨，其上还可作为观景平台眺望街景。建筑群的整体布局既参考传统营造法式，又显示出拥抱新技术的开放姿态。

除了中西合璧、富丽辉煌的建筑本身，令人印象深刻的还有庆王府的围墙。游客从周围街道走近庆王府，未见建筑，首先映入眼帘的便是高大庄严的围墙，它给人一种神秘感甚至压迫感。纵观整个五大道街区，围墙几乎遍布了街道的两侧，尽管经历时代变迁、自然灾害，有许多房屋被不同程度损毁或拆改重建，但保留至今的各式围墙数量依然可观。

中国自古以来就有城郭的概念，所谓“筑城以卫君，造郭以卫民”。在传统文化中，用围墙来划定边界、保卫居所的观念根深蒂固。在阶级社会，围墙也是身份的象征。英租界对五大道地区的定位是高级住宅区，规定每所住宅价值不得低于 3000 两白银，这从制度上决定了这一区的居民非富即贵。他们需要通过高大厚重的围墙彰显自己的地位。再加上当时局势动荡、风声鹤唳，英租界推广界过去是一片沼泽和荒地，鲜有人迹。面临着强敌环伺、吉凶难测的境地，清室的遗老遗少和下台的民国军阀政要，生活起居不宜大肆张扬，居所的安全感和私密性是这类人所必需的。这种心理外化到建筑设计上即

庆王府瞰景（侯鑫、武润宇 摄）

表现为：房屋隔院临街，院中种植草木掩映楼体，院外以实墙包围遮挡，极少使用栏杆。甚至有的围墙上还有铁丝网，或者在墙顶部的水泥上插满立着的碎玻璃，以防盗贼翻墙而入。从20世纪80年代开始，天津市政府持续组织开展五大道地区的综合治理工作，整修了沿街建筑和区内道路，为了让游客能方便地一窥小洋楼千姿百态的建筑风貌，将一部分围墙拆除改为低矮花墙，装上镂空的栅栏。因沿围墙内有附属房屋，庆王府的围墙才保持了原貌。

在诸多拥有围墙的建筑中，庆王府的灰色水刷石外墙格外的高大庄重。小德张设计的整个院墙长达数十米，高约6米，院墙的内侧还有贴墙而建的附属房屋，用于管家账房、私塾学堂、佣人居住、物品仓储、车库门卫等，既能保卫主楼，又满足各种用途需求。正门两侧院墙面临今重庆道，即使站在马路对面也看不到大院里面的情形。大门上方的院墙甚至近10米高，令人想起紫禁城的宫墙和墙内秘而不宣的生活。虽然小德张约四分之三的人生都是在天津度过的，但深宫生活塑造了他的思想与性格，这种影响笼罩了他的一生。

2 / 小德张的前半生

The First Half of Xiao De Zhang's Life

末代皇帝溥仪迁居天津之前，小德张已然住在剑桥道（今重庆道）府邸。溥仪在《我的前半生》中提及小德张，说自己宫内的大总管张谦和和二总管阮进寿这些“老爷”比起小德张，在各方面都差得很远，“他（小德张）在英租界有一座豪华的大楼，有几个姨太太和一大群奴役伺候他，威风不下于一个军阀”。

历朝历代的太监大多生于贫寒之家，小德张也不例外。许多小太监蝇营狗苟一生，直至告老还乡也无出头之日，他们从未见过帝后，甚至从未踏入过三大殿，月俸只有几两银，勉强糊口；更有甚者，被虐待摧残至死，埋身荒冢之人亦不在少数。而小德张如何能够脱颖而出，从一个最低级的学徒太监一路扶摇直上，官至太后宫大总管呢？这源于他果决、坚毅的性格和对自身命运的不甘。

小德张生于 1876 年，原名张祥斋，字云亭，在内宫太监里排辈兰字，因此也叫张兰德，慈禧太后赐名“恒泰”。小德张是直隶省静海县南吕官屯人，他的家乡出过数以千计的宦官，大太监李莲英也出身于此地。原因很简单，一是由于这里离皇城近入京便利，语言风俗相通，二是如李莲英之流飞黄腾达后“衣锦还乡”造成的“名人效应”。因此，连年遭饥荒肆虐的直隶、河间一带，贫寒百姓纷纷踏上此艰难之路，以求得一线生机。在封建礼教的框架下，男孩多的贫寒农家，舍弃一个儿子去侍奉君王，而后由其兄弟之子承继香火，也是一种可以接受的牺牲，毕竟宫中至少能混一口饱饭，幸运儿更可一脚踏上终南捷径。小德张家境虽苦，却也未至断炊的地步，父母是万万不舍让儿子受阉割之苦的。只是12岁时，他在亲戚家见到一辆精致讲究的大套车，心生艳羡之情，却被表兄讽刺讥笑，幼小的心灵受到贫富差距的冲击，于是断然决定冒着生命危险私自挥刀“净身”，想以此入宫当太监。

15岁入宫时，小德张只是一个茶坊的小学徒，因外貌姣好，人又机灵，转年被收入南府戏班（即昇平属）学戏。戏曲行业讲究“童子功”，小德张进戏班已经16岁了，早已错过入梨园行的最佳年龄，但他清醒地认识到，唱戏是他唯一的生路，也是唯一改变命运的机会。从此，他日夜苦练，掌握了长靠短打昆曲乱弹30多出戏，终于熬到做主演的机会。

一日，慈禧太后传旨上演《岳家庄》，19岁的小德张饰演岳云，是个戏份极重的角色。小德张与戏中岳云年纪相仿，本就相貌清秀再扮上戏妆行头，俨然一鲜衣怒马少年郎！他身披白银甲，手执一对银锤上下翻飞，一招一式尽显意气，打得对手节节败退毫无招架之力。爱美之心人皆有之，慈禧太后是越看越喜欢，便问一旁伺候的南府戏班首领：“演岳云的这孩子叫什么名字？”自此，小德张就被拨入太后宫当差了。

有一种说法认为此时小德张是正式进入了慈禧太后的“普

天同庆”本宫班。该班是慈禧为绕过内务府管辖的昇平署，方便自己随时看戏而设立的，班内演员也主要为太后宫内近侍。查光绪二十年前后的《清宫昇平署档案集成》，花名册上并无小德张的名号，且光绪二十三年慈禧两次传演《岳家庄》均由本宫班承差，似可为一佐证。小德张的嗣孙张仲忱在回忆录中只字未提本宫班，从他一直称昇平署为南府戏班看来，似乎张家后人对宫内演剧机构之划分并不十分了解，张仲忱应是旁听祖父小德张与父亲张书森谈话而录述。小德张在给后辈讲述时显然依然沿用南府的旧称，并未细分，因此难以分辨小德张口中南府戏班是否为太后本宫班。无论如何，小德张算是在暗无天日的深宫生活中看到了一些光亮。小德张抓住了慈禧太后的戏瘾，戏越做越好，身段唱腔比民间名角也不遑多让。他凭借自己唱戏的本事和处事圆滑八面玲珑而深得老佛爷欢心，平步青云，三年之内连升五级直至御前首领兼戏班总提调，此时小德张仅有 22 岁。

庚子回銮后，小德张又被破格提升为御膳房掌案，官至三品。在李莲英、崔玉贵都告老还乡后，小德张在太后宫的地位已无人能及。慈禧私人生活之奢靡，对手下太监红人赏赐之丰厚自不言而喻，小德张还通过各种手段将宫内宝物据为己有，积累了大量财富，为他日后修建府邸打下基础。《国闻周报》1925 年曾刊载一篇文章，称小德张“动辄偷盗宝物或以假易

慈禧与小德张

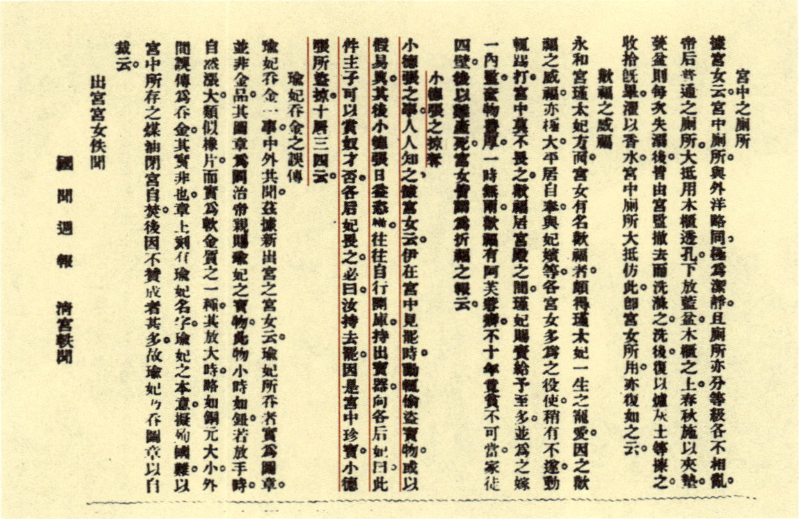

宮中之廁所

據宮女云。宮中廁所。與外洋略同。極爲潔淨。且廁所亦分等級。各不相亂。帝后普通之廁所。大抵用木櫃透孔。下放藍盆。木櫃之上。春秋施以夾墊。藍盆則每次失溺後。皆由宮監撤去。而洗滌之。洗後復以爐灰土等據之。收拾既畢。灌以香水。宮中廁所大抵仿此。即宮女所用。亦復如之云。

歎福之威福

永和宮瑾太妃方爾。宮女有名歎福者。頗得瑾太妃一生之寵愛。因之歎福之威福。亦極大。平居自奉。與妃嬪等。各宮女多爲之役使。稍有不遂。動輒踢打。宮中莫不畏之。歎福居宮殿之間。瑾妃賜賚給予至多。並爲之嫁一內監。奩物豐厚。一時無兩。歎福有阿芙蓉癖。不十年。費貲不可當。家徒四壁。後以饑寒死。宮女皆謂爲折福之報云。

小德張之掠奪

小德張之事。人人知之。據宮女云。伊在宮中見寵時。動輒偷盜寶物。或以假易真。其後小德張日益恣肆。往往自行開庫。持出寶器。向各后妃曰。此件主子可以賞奴才否。各后妃畏之。必曰。汝持去罷。因是宮中珍寶小德張所盜掠十居三四云。

瑜妃吞金之誤傳

瑜妃吞金一事。中外共聞。茲據新出宮之宮女云。瑜妃所吞者。實爲圖章。並非金品。其圖章爲同治帝親賜瑜妃之寶物。此物小時如鉗。若放手時。自然漲大。類似橡片。而實爲軟金質之一種。其放大時。略如銅元大小。外間誤傳爲吞金。其實非也。章上刻有瑜妃名字。瑜妃之本意擬殉國難。以宮中所存之煤油閉宮自焚。後因不贊成者甚多。故瑜妃乃吞圖章以自裁云。

出宮宮女佚聞

國聞週報　清宮軼聞

1925 年《国闻周报》刊载小德张掠夺宫中珍宝的轶闻

真。……往往自行开库持出宝器向各后妃曰，‘此件主子可以赏奴才否？’各后妃畏之，必曰：‘汝持去罢。’因是，宫中珍宝小德张所盗掠十居三四云。”

慈禧逝世后的几年内，各报纸上关于小德张偷盗宫内金银珠宝的报道更加频繁。1913 年，小德张因偷窃慈禧一双周围镶嵌大珍珠的鞋并倒卖，被袁世凯命顺天府尹将其驱逐出京，遣回原籍。小德张到天津后，先下榻在嗣子张书森（张仲忱之

小德张

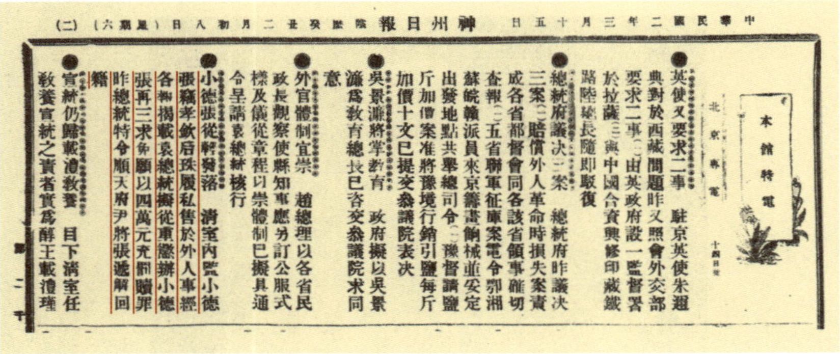

中華民國二年三月十五日 神州日報 陰曆癸丑二月初八日（星期六）（二）

本館特電

北京專電 十四日發

●英使又要求二事 駐京英使朱邇典對於西藏問題昨又照會外交部要求二事（一）由英政府設一監督署於拉薩（二）與中國合資興修印藏鐵路 陸總長隨即駁復

●總統府議決三案 總統府昨議決三案（一）賠償外人革命時損失案責成各省都督會同各該省領事確切查報（二）五省聯軍征庫案電令鄂湘蘇皖贛派員來京籌畫餉械並妥定出發地點共舉總司令（三）豫督請鹽斤加價案准將豫境行銷引鹽每斤加價十文已提交參議院表決

●吳景濂將掌教育 政府擬以吳景濂爲教育總長已咨交參議院求同意

●外官體制宜崇 趙總理以各省民政長觀察使縣知事應另訂公服式樣及儀從章程以崇體制已擬具通令呈請袁總統核行

●小德張從輕發落 清室內監小德張竊孝欽后珠履私售於外人事經各報揭載袁總統擬從重懲辦小德張再三求免願以四萬元充罰贖罪昨總統特令順天府尹將張遞解回籍

●宣統仍歸載澧教養 目下清室任教養宣統之責者實爲醇王載澧瑾

1913 年《神州日报》刊载小德张被遣解回籍报道

父）在日租界芙蓉街（今河北路）和秋山街（今锦州道）交口处的一座小楼里。不久后，他在英租界博罗斯道（今烟台道）买下一所被称作“英国马号”的楼房，并将其母亲唐氏从老家接到天津一起居住。1917 年，天津发生特大水灾，小德张萌生自建新楼的想法，这也是他把剑桥道府邸修建得非常坚固的原因之一。

小德张在宫中时借势结交了如载涛、张勋、马福祥、冯国璋等清朝重臣、民国军阀为好友，自然也树立了很多敌人。小德张多年为奴的经历使他养成了谨慎的性格。搬到天津后深居简出，虽斥巨资修建了剑桥道府邸，但他必须用高墙重门把自己的生活牢牢围住，才能获得足够的安全感。

3 / 小德张的“建筑设计师”生涯

Xiao De Zhang's Career as an "Architect"

一代“大内总管”如何成为一名卓越的“建筑设计师”？

小德张经过戏班的培养历练，在梨园行或许能称得上半个“内行”，但他十几岁进宫，虽然识字，却并未受过系统的私塾教育；戏曲行业整体文化素质不高，老艺人教戏全靠口传心授，多不识字，这跟造房子更是八竿子打不着；小德张家中也没有从事营造行业之人，那么他作为一介白丁是如何精通营造之术的呢，抑或是后人杜撰臆造，夸大其词？

1908年，光绪皇帝、慈禧太后相继去世。小德张遵慈禧遗旨，助隆裕皇后顺利登太后之位，自己也升为长春宫四司八处大总管。隆裕太后赐地50亩，拨银10万两，给小德张建总管府，选址在安定门内永康胡同极乐寺。此时小德张便开始建造自己的房屋。此外，隆裕太后在位期间的几项大型土木工程，他作为大总管均有不同程度的参与。

慈禧暴戾残忍、奢靡无度只是一方面，另一方面她非常重视学识，博览群书，并以引经据典考校王公大臣为乐。小德张本就聪明好学，为讨主子欢心更是加倍勤勉。慈禧常常看罢了书放在一旁，小德张就暗暗留心，记下她看的哪本书，下了差找来熟读于心。这样，日后老佛爷随时问起，他都能答个八九不离十。他不当差时，还请南书房的翰林院学士讲史籍，请评书艺人讲《三国演义》《水浒》《东周列国》等，后来他对各种典故的熟悉程度甚至超过了说书先生。他还练得一手好字，

小德张（左三）、隆裕太后（中）

龙、虎、鹅、寿等字一气呵成，甚至能为隆裕太后代笔。

小德张在两任太后宫中都身居要职，皇上、太后审定建筑设计方案时，他多半在场伺侯。小德张是何等机敏聪慧，这么好的学习机会他不可能轻易放过。由此，经年累月，他能掌握一些建筑知识、提高鉴赏水平也不意外。此外，他很可能有机会接触到清代 200 多年间主持皇家建筑设计的雷氏家族。

自康熙年间起，雷氏家族的第一代雷发达开始参与清廷宫殿的修建工作，并担任样式房掌案（总设计师），一直到光绪年间，共有八代人担任过样式房掌案，主持了包括故宫、天坛、圆明园、颐和园、承德避暑山庄、清东西陵等众多皇家建筑的设计和修建工程。世人誉称雷氏家族为“样式雷”。1901 年义和团运动后，慈禧太后与光绪皇帝从西安回到北京前后的一段时间里，雷廷昌、雷献彩父子主持样式房，对满目疮痍的北京城进行了大规模修复及重建。那时，内廷审定建筑方案，须由样式房进呈“烫样”，即按照一定比例缩小的建筑模型。这种烫样模型用草纸板热压制成，它不仅能展示建筑的整体效果，还能细致地展示内部结构和布局，为建筑设计和施工提供重要的参考。小德张日日贴身陪伴太后，自然能见到这些精美的烫样。尤其到了隆裕太后时期，隆裕本身性格弱势，遇事犹疑不定，常常要找张总管商量。小德张由此有机会仔细研究这些烫样，也未可知。皇家陵寝一般也由雷氏家族主持修建。样式雷第六代传人雷思起，第七代传人雷廷昌、雷廷芳主持了定东陵的规划与设计。慈禧独揽大权以后，为了显示自己地位高于慈安，又下旨重修隆恩殿及东西配殿。小德张当时作为御前首领，常被派去查看工程进度。光绪帝崇陵的重修，由雷氏家族最后一代雷献彩承接，小德张也是参与者之一。

更具传奇色彩的是，小德张还极有可能参与了故宫里一座宫殿的设计建造。这是一座极其特殊的楼阁，它没有传统木构建筑的飞檐斗拱、榫卯相接，而是大量使用了玻璃、金属等现代材料。无论从建筑风格、材料还是工艺上看，都带有浓厚的

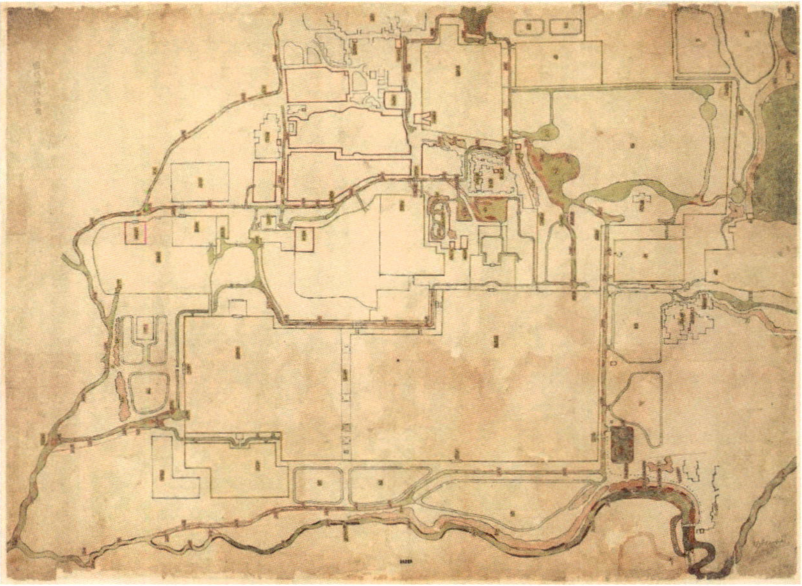

“样式雷”烫样、图纸

西方特色，在充满东方古典韵味的皇家宫殿群里显得格格不入却又独具风味。这就是灵沼轩，或许它的俗称更为人熟知——“水晶宫”。

水晶宫与小德张有什么联系呢？张仲忱在《我的祖父小德张》中记录祖父曾讲述过这样一段往事：

内廷里有一个宫不知何故多次失火，我呈报隆裕太后改建水晶宫一座。我自己绘图设计，由宫殿四壁到地下全是用玻璃砖砌成，地面与宝座龙案衔接。清水储蓄在地下，内有龙睛鱼游来游去。宫墙厚玻璃壁上有喷水泉，坐在宝座龙案上还可以看见下面的水景。动工不到一年，革命党就把清朝给灭了，这个水晶宫盖到半截就停了。

小德张口中多次失火的宫殿即延禧宫，位于故宫东六宫，是一个比较偏僻的宫殿，除乾隆时期的令妃外，并没有太出名的妃嫔居住于此。几次火灾中，属1845年的最为严重，烧毁正殿、后殿及东西配殿等建筑共25间，只剩下一个宫门。宣统年间，清廷欲在原址修建一座不怕火的宫殿，彻底摒弃木结构，采用金属架构，铸铁柱与工字钢横梁采取螺栓连接，顶部以锌板装饰；汉白玉石材雕砌墙体，玻璃做窗，墙体内侧铺贴瓷砖装饰；建筑四周掘地为池，引金水河水环绕。帝后闲暇时可徜徉其中，透过玻璃观赏游鱼荷藻，亦不必受风吹日晒。如此奢侈享乐的设计，倒像是跟了慈禧十余年的小德张会想出的点子。

另有一位知情者温宝田提到过此事。他自幼入宫当厨师，后又随小德张到天津当了 11 年厨师。他口述的《关于太监“小德张”的回忆》中，提到“生满红锈的宫殿铁架子”，即水晶宫遗迹，是小德张“怂恿隆裕在那里修建一所水中的宫殿”。同时代的郭嵩焘担任驻英公使期间，曾参观过伦敦的水晶宫，并在日记中用大量笔墨记载。小德张在宫内可能对此事也有所耳闻，由此受到启发。

故宫博物院高级工程师周乾所著《故宫建筑细探》中认为，“灵沼轩出自德国设计师之手”，没有提到小德张。作者长期在故宫从事古建筑研究保护工作，想必具有一定文献史料作为支撑。但水晶宫并非一座纯西式风格建筑，其正中四根立柱雕有蟠龙，墙面有二龙戏珠纹饰，汉白玉墙体上刻有中国传统的牡丹纹、岁寒三友纹、喜上梅梢纹等，这些绝非西方设计师所能了解并熟练运用的。1911 年出版的《神州日报》以批判口吻数说小德张的恶迹：“兴修延熙宫（即延禧宫）西式铁楼虽奉有隆裕皇太后懿旨，然实出于张元福（即小德张）……兴筑延熙宫铁楼工程浩大，既无监修大员又无比价工厂，纯由张元福所开之永德木厂承修。”这篇文章似可作为另一佐证。

未完成的水晶宫

水晶宫真正的设计师是谁并无定论。可以推测的是，隆裕太后不是一个有主见的人，很有可能是小德张向隆裕太后提出方案再由设计师具体实施，而小德张向后人讲述时，大概在事实基础上添加了一些自夸成分。

1976 年的唐山大地震对于天津许多历史建筑来说都是一次巨大的考验，如望海楼教堂、西开教堂、戈登堂、张彪故居（张园）等，在地震中均遭严重破坏，而庆王府几乎没有明显的损伤。王府一层的会客厅内，至今可见一巨幅油画，画中所绘是1930 年庆王府的外观，与现在的建筑相比，并无太大变化。

可见，经过专业的保护与修缮，这座建筑基本完好地穿越百年呈现在今人面前。庆王府如此坚固，这不能不归功于小德张的用心设计与督建。

小德张在天津时的法律顾问夏琴西在《我所知道的太监小德张在天津的点滴》一文中，曾回忆小德张给府邸打地基的往事：

所有盖房设计、画图都是他自己动手。他对我说：“盖房子主要是地基坚固，房子才能延年。”在打地基时，他每天都要亲自去看，并向工人们说：“你们要把地基打坚固，打一寸厚我给一寸厚的洋钱。”工人们当然乐于从事。于是每天下午二时，他便带着现洋百余元到工地视察，认为地基打得满意就把现洋向基坑中一撒，工人们一面捡钱，一面喊：“谢老爷赏！”小德张遂引以为乐。

小德张嗣孙张仲忱回忆祖父设计庆王府始末时，也提及祖父“亲自绘图，精心构思”，“对于建住宅这种百年大计的事，祖父更是非常重视，在建筑过程中，几乎天天到现场监工，不准出现任何偷工减料、弄虚作假的事”，“在请洋人设计师按照自己的中式理念进行设计外，也吸收了很多西式建筑风格的设计理念”。综合二人说法，大致可以确定，小德张在庆王府的设计中确实起主导作用，从建筑风格到建材选用、施工他都亲自把控，不过具体技术层面以及把他的想法付诸实践，则必须有营造公司的参与。

4 / 暗藏玄机的台阶

A Set of Stairs shrouded in Mystery

高耸的院墙掩藏的不只有小德张从宫中带来的巨额财富，还有他奴隶翻身做主人的雄心。推开王府大门，通向王府入口的是一段“如意踏跺”式台阶，即每层石板的长度和宽度由下而上逐层缩小，人们可以从不同的方向上下。虽是中式传统建筑常见形式，但台阶数量十分耐人寻味：既不是 17 阶也不是18 阶，而是17 阶半，第一阶的高度比其他阶矮了一半，甚至会给人行走带来不便，不留心很容易绊倒。如此恢宏精致的建筑，怎么会存在这样明显的疏漏呢？对此有一种流传甚广的揣测。

皇帝贵为“九五之尊”，阳数中九为最高，五居正中，故“九五”象征帝王的权威。皇室建筑或礼制建筑则多附会数字九或九的倍数（比如故宫三大殿皆高九丈九尺，故宫天安门城楼的正面横向九开间），寓意至高至伟，天下永久。因此建筑中的“九”非帝王或家庙建筑不能用，一般臣民若用之则被视为僭越，有逆反叛乱之意。小德张既想彰显自己的权势，又不敢明目张胆僭越皇权，于是将入户台阶建为 17 阶半，有檐为台，半阶无檐为基。这半级台阶便是小德张一生也无法企及的高度。小德张和他的家人在世时从未回应过这一传闻，因此，这个数字的真相只能成为庆王府永远的谜题了。

关于这 17 级半台阶，小德张的嗣孙还有一件印象深刻的事情。小德张一家在剑桥道府邸居住时间不长，经历的两件大

庆王府入口

事便是小德张的母亲唐老太太的寿礼与葬礼。1924 年夏天，唐氏去世，终年 80 岁。小德张对待母亲向来非常孝顺，但无奈母亲生前自己久居宫内，膝前尽孝的时间不长，而母亲去世后的葬礼必尽其所能，备极哀荣。1910 年，其心腹太监阮金寿斥资 500 两白银购得恭王府四根金丝楠木柱材孝敬小德张。后经能工巧匠精心制成四具棺椁，其中两具存放于北京兴隆寺太监庙，专供小德张及其母亲使用。唐氏逝世时，小德张特从京城调运特制寿材至天津。治丧期间，小德张请佛道僧众轮番诵经超度，还特别聘请京城扎彩艺人制作了包含侍从、车马、

庆王府入口处雪景（石三生 摄）

亭台楼阁等各种纸扎明器。送葬当日，由时任福建督军李厚基亲任祭门官（一说请清末武状元武国栋祭门，前北洋政府代理国务总理高凌霨点主）。起灵时，24 名杠夫抬着重达千斤的金丝楠棺缓降寓所台阶。每级台阶 50 银圆的赏金，使得 17 级半的台阶竟耗时近一小时才完成。棺椁落地时，小德张当场加赏千元银洋，并换 64 抬大杠，其规格仅次于王府。按清室例，亲王、郡王出殡，应用 80 杠夫，连载振去世时也只用了 64 杠。送葬队伍经天津北站转乘慈禧太后御用蓝钢专列，在天津警备司令傅作义部官兵护卫下，经唐官屯中转最终归葬故里。这场豪华葬礼曾在津门轰动一时。

登上这 17 级半台阶，小德张用了整整 37 年。在茶坊当学徒时，他是最低等的奴才，命如草芥，任人呼来喝去、动辄打骂。他曾记录自己入宫当年的腊月三十至转年，一年中“所挨的嘴巴子、竹竿子，达两千余次”，那时他只是一个十几岁的孩子。这些少年时期所经历的身体和精神创伤在他心里烙下了无法磨灭的印记，也刺激着他不顾一切甚至不择手段地向上爬，终于升至大总管，不可谓不光耀门楣，一雪前耻。太监与臣子不同，是没有气节与尊严的，即便做到最高的大总管之位，在皇室面前也永远是奴才，可以说小德张这一路升迁是跪着用膝盖爬上来的。离开皇宫，没了太后，在自己的府邸，他终于能够翻身做主人了，于是自卑变成了一种自我膨胀，皇宫里一

庆王府入口处 17 级半台阶

切曾用来管教他的规矩，被他原封不动搬到了家人与奴仆身上。可惜，就像这一生也无法跨越的半级台阶，一日为奴终身为奴的阴影永远笼罩着小德张。直到新中国成立，国家历史研究部门人员找到他，希望他能讲述清朝大内轶事见闻作为口述史料时，他依然回答：“我不卖老先主！”

5 / 三色琉璃柱
The Three-Color Glazed Columns

庆王府主楼的外立面墙体以本土青砖与海河淤泥混合砌筑，表面采用水刷石工艺模拟天然石材效果。这种源自西方的装饰工法于 19 世纪末与水泥技术同期引入国内，成为折中主义风格建筑的重要表现手段。

施工过程中，工匠需在水泥中混合不同粒径、成分以及颜色的石子，均匀涂抹于墙面，待涂料完全凝固前用水冲刷表面，使骨料自然显露形成类石材肌理。这种工艺既可与西式建筑中的拱券装饰、浮雕构件有机结合，又能模仿中国传统石材的审美意趣。五大道地区的住宅建筑中如此大面积使用水刷石技法的并不多见，这也是庆王府具有代表性的特征之一。

王府外观最具特色的要数每层回廊上大量使用的黄、绿、蓝三色六棱琉璃柱了。小德张在天津设计的几处居所，虽式样不尽相同，却都在外廊或阳台使用三色琉璃柱，这成了他本人的标志性装饰风格。例如，小德张曾受西北军阀马福祥委托设计一所公馆，位于今河北路与洛阳道交口（河北路 237 号），俗称“马家楼”，该楼楼顶围廊也曾装有三色琉璃柱，但几经修葺现已不存。还有小德张后来在郑州道、湖北路交口修建的新宅院，整体延续了重庆道府邸中西合璧的风格，但规模更甚，宛若欧洲城堡，错落有致的多层露台栏杆均为三色琉璃柱。小德张一家在这里度过了 20 年的光景，可惜建筑于地震中损毁，后来在原址盖起的新楼已面目全非。

三色琉璃柱

庆王府的琉璃柱是唯一完好保存至今的。王府每层外廊栏杆，在高大的西式立柱之间，间隔排列了数百根琉璃柱，内部中庭的二楼回廊也如法炮制，使用了 196 根琉璃柱。鲜艳的琉璃柱釉面沐浴在阳光下，其六个侧面随光影变幻出深浅不一的多种色彩，流光溢彩，熠熠生辉，成为一道独特的风景。

小德张之所以选择这三种颜色，与他常年的宫廷生活有关。这些颜色都是官式建筑中常用的颜色，紫禁城内的琉璃瓦、门、影壁也多用黄、绿、青、黑四种颜色组合。宫廷自古以来就十分重视色彩文化，特定的颜色有特定的寓意，有森严的等级约束，不可胡用滥用。满人入主中原后与汉文化融合，将这套关于色彩的规矩发展得淋漓尽致。传统文化中，色彩与阴阳五行相对应，依托于人类赖以生存的大自然。这种对天地自然的敬畏，流淌在数千年的民族血脉中。黄色，在五行学说里代表中

环绕中庭，一二层均设有柱廊，柱头塔什干式样，混凝土筑成，白灰罩面。一层无栏杆，鼓形柱础，二层有琉璃柱栏杆，水磨石扶手。柱身有铁环，用于穿绳子挂幔帐，形成封闭空间，便于大厅演戏

外廊中西结合柱式栏杆。廊柱由混凝土筑成，爱奥尼克柱式，柱基为长方体，之间以水磨石扶手、三色六棱琉璃柱填充

央方位（中央属土，土为黄色），象征着尊贵。明黄色是钦定仅帝后可以使用的颜色，太子只能用杏黄色，建筑中只有皇帝之宫殿、陵墓及奉旨兴建的坛庙等，才准使用黄琉璃瓦，其他建筑一律不得擅用，否则即“犯上”。蓝色在满族文化中代表天空。北京天坛的祈年殿有三层琉璃瓦铺盖的屋檐，全部为深蓝色，代表昊天；地坛则以黄色为主，代表黄土大地。绿色五行属木，代表着万物生长复苏。故宫的建筑大多为红墙黄瓦，但有一片建筑屋顶铺绿瓦，即“南三所”，为诸皇子所居，因此也称“阿哥所”，绿瓦覆顶象征着皇子皇孙们的少年朝气与勃勃生机。此外亲王、郡王等大臣们的住宅，也多用绿瓦盖顶。沈阳故宫为黄琉璃瓦铺顶，绿琉璃瓦做剪边。

小德张没有大面积使用这些颜色，一方面因为西式建筑不用琉璃瓦铺顶，更重要的原因是，他不能明目张胆地模仿皇家宫殿。于是，他施以巧思，将代表皇家的琉璃柱点缀于大面积水刷石墙体之间，仿佛一条条彩色玉带挂在一袭青衫之上，既不过分张扬，又能慰藉自己对宫廷生活的怀念之情。宫中对颜色使用的规矩，不仅体现在不同的颜色上，即使是同一种颜色，正色偏色，深色浅色也象征着身份的差异。为了能制作出跟宫内一样颜色的琉璃，小德张专门找了皇家御用的琉璃窑厂烧制，再运往天津安装，可谓纯正的“皇家特供”。

对小德张来说，将皇家用品假公济私早已驾轻就熟。据报纸报道，小德张用隆裕太后赐地在北京安定门内永康胡同修建的总管府，共有房屋百余间，美轮美奂，内设楠木桌案、楠木雕花落地罩等，电灯满院，又将南海仪鸾殿的电机移至花园，还偷移宫里的太湖石自用，房间内几案上所摆的内廷器物数不胜数，是否均是赏赐之物，还是不问而取，已不得而知。

电影《迷途英雄》剧照

1992年上映的电影《迷途英雄》由陈佩斯主演，在庆王府取景。可以看到当时内回廊的琉璃柱已全部被粉刷成白色。这一时期，天津市人民政府外事办公室在此办公，一次楼内做卫生清洁时，管后勤的工作人员发现栏杆立柱开裂处内部似乎有颜色，于是经研究决定对所有栏杆立柱进行整体洗刷，剥去外层涂料，才让这些精美的艺术品重见天日。

6 / 美轮美奂的安乐窝

A Splendid and Cosy Nest

门厅

主楼入口的拱形门为典型西式建筑元素，而门扇纹理样式则为中式。进入门厅，两道隔扇门、配合落地罩，将空间分为过厅、门厅和楼梯间，作为依次探寻王府实境的主要过渡空间。此处空间处理得异常华丽，第一道木隔扇门分隔过厅和门厅，以通透玻璃为主，上部使用比利时进口的掐丝玻璃画作为窗扇。此处隔扇门分为主门和两侧小门。主人走正门，仆人走两侧门。王府有重大节庆日的时候，会敞开大门，欢迎四方宾客，两侧的小门，随时都可以敞开，代表内外有别，各得其所。

入口拱形门

掐丝玻璃画

这是一处不经意间很容易错过的绝世珍宝，需要站在门厅处转身仰视，才能看到以通透玻璃为主的隔扇门上方，有六方使用玻璃丝制作的山水题材窗扇。其功能类似现在的纱窗，既

掐丝玻璃

能起到装饰作用，又能保证空间采光、透气，兼具审美价值与实用价值，设计构思之精妙，令人赞叹。这些玻璃是从比利时进口，工艺非常复杂，需要工匠们先绘制草图，再将玻璃拉制成极细极硬的玻璃丝，然后按照草图进行编制，左右方向交叉错落，严谨有序，整个过程必须十分小心，不能将玻璃丝折断，排列也须精准无误，才能使整幅作品在阳光映衬下，呈现光影层次，仿佛水墨画一般的效果。这种掐丝玻璃窗不怕日晒雨淋，唯一害怕的是震动，不知是否受地震影响，这几幅掐丝玻璃画已经有部分玻璃丝断裂，整修时专家曾极力想修复，但多方查证此种工艺在全世界早已失传，无法修复，目前庆王府的掐丝玻璃画窗扇已成为绝世无双的孤品。

门厅

门厅屋顶天花

镶嵌油画

门厅木地板为始建时期原装，屋顶天花使用了浮雕花饰造型，是欧式风格建筑最典型的设计元素，而浮雕纹饰则是仙鹤、祥云等中式图案。门厅与餐厅、客厅的天花造型均为工匠踩着梯子一刀一刀纯手工仰雕而成，面积较大且图案繁密，极费工夫。

进入门厅，左侧是客厅，右侧是餐厅。门厅与餐厅、客厅之间，采用木制推拉门与木雕落地罩相隔。在王府内房间的进深方向，多设隔扇门和木质落地罩或垂眉罩，以分隔内部空间，此为中国经典的室内空间营造方法。餐厅与客厅的两扇推拉门通体被分成上中下三段，上部为八块套色刻花玻璃，中部则被水平分成三段，中间饰之以西洋山水油画，下部也被水平分成三段。这些门扇既有格局上的稳重秩序，又因细节上的突破常规而活泼跳跃，用料和工艺上则营造了贵族式的奢华感受。

这两道木质推拉门中部曾正反镶嵌八幅非常特别的油画，是用西洋技法描绘的中国四季山水风景。乍看，它这种对光影色彩及透视原理的把握是西方的；细看，它所表现的内容和意境却是东方的。其中六幅是小德张建房时所留，其余两幅可能在房屋几次易主中被毁，所留为后人临摹仿作。据小德张嗣孙张仲忱回忆，清朝灭亡后，清宫“如意馆”的宫廷画师流落在外，失去生活来源，祖父曾邀他们到家中作画。不知这些油画是否出自宫廷画师之手。

这八幅油画的修复经历了艰难的过程，其实 2011 年 5 月庆王府的整修工作就已基本完成，但油画的修复工作一直推迟到 2012 年下半年才着手开展。一是因为修复难度高，国内的油画修复技术未臻成熟。二是因为庆王府的油画过于特殊。以往修复大多是针对在画架上的油画，而庆王府的油画镶嵌在木门上，类似于壁画，与建筑连为一体，房屋几经修缮，每次用清漆刷门就会把画面也一起刷一遍，表面至少附着了三个年代的三层清漆，每次涂完清漆还会沾上尘土、异物，肉眼不可见

承荫厅推拉门镶嵌油画

契兰厅推拉门镶嵌油画

油画修复前后对比

楼梯间顶部花饰彩绘，图案为鲤鱼抱荷花

隔扇门上方彩绘压花玻璃

的裂痕也非常多。这八幅油画的修复工作历时一年之久，分为结构修复、清洗、补缺三个阶段，采取润饰补色、气熏除皱、绝氧杀菌等一系列先进技术使油画重现昔日光彩。这是国内首次针对附着在建筑构件上的油画进行修复。修复后的油画被收藏入库，没有再镶嵌回原位。今日门上油画为复制品。

彩绘压花玻璃窗扇

正对入口，门厅与楼梯间用隔扇门和落地罩相隔，隔扇门和落地罩上有旧时纯手工的祥瑞花式木雕，梅花、牡丹、荷花点缀其间。木门上方正面背面共镶嵌两大四小压花玻璃，其上花草至今仍栩栩如生、鲜艳欲滴，这是由于采用了特殊的制作工艺：将真正的花草、昆虫做成标本后压在玻璃上，再用相应的颜料还原本色，使其更加绚丽多彩，最后用一层玻璃盖上，将鲜花画夹在中间，抽成真空并固定，因此保存百年依然没有褪色。这些颜料与唐卡所用颜料相同，为天然矿物颜料，颜色持久却有毒性。如今这种鲜花压制的彩绘玻璃工艺同样失传，六扇玻璃中的一扇损坏后无法修复，只好请画家用油彩绘制了一幅风格相似的花鸟画。

套色刻花玻璃

清代的套色刻花玻璃被看作世界玻璃艺术珍品。广东清晖园的八块“羊城八景”金片套色刻花玻璃现为国家一级保护文物。这种玻璃在王府门厅木门、餐厅、会客室的门窗上大量使用，取蓝色、绿色、黄色、红色相互搭配，并于其上蚀刻出田园山水、植物花卉等图案，形式华美，寓意丰富，成为庆王府典型风貌特征，让其门窗形式风格在天津近代建筑中独树一帜。

玻璃颜色以蓝、红、绿为主，这些玻璃应为比利时进口，至今我国国内生产的彩色玻璃还未能达到如此纯净亮丽的颜色。在玻璃艺术领域，这三种颜色被称为“圣母蓝”“耶稣红”“祖母绿”。这种玻璃画的背景为彩色玻璃，蚀刻出的图案花纹则是透明的，像是把外层颜色刮去了一般，这种工艺是如何实现的呢？在比利时工厂熔炼时需趁着玻璃刚出炉又热又

门厅隔扇门

软的时候，用机器将两片玻璃轧成一体，它们经过冷却形成双面不同色彩的玻璃。且考虑到安全性和实用性，镶在门窗上的玻璃不宜太重，双色玻璃轧成一片的厚度也只有 6~8 毫米。

小德张虽没进过学堂，但在慈禧身边熏陶出了各种文人雅士的爱好。除了京戏，他还酷爱抚琴、绘画。这些玻璃画，是小德张先亲自在纸上绘作，再由琉璃厂的工匠刻制的，因此许多扇都刻有“壬戌仲秋 伴琴主人”字样，表明建筑始建时间

刻有植物图案的套色刻花玻璃

壬戌仲秋伴琴主人
壬戌仲秋伴琴主人

壬戌仲秋 伴琴主人
壬戌仲秋伴琴主人

和主人。“伴琴主人”是小德张的雅号，定睛细看，部分所刻“人”字多了两撇，这是小德张有意为之，作为自己亲笔所绘的证明。转刻至玻璃上时有两种工艺：一是采用具有镂空图案的耐酸性薄膜覆盖在深色玻璃表面，随后利用氢氟酸化学蚀刻掉镂空部位的玻璃层，显现出下方无色透明的玻璃，形成图案。然而氢氟酸有毒，且当时缺乏有效防护手段，因此不轻易使用。二是用金刚砂轮进行雕刻。首先在深色玻璃上勾勒出图案轮廓。随后，通过“抛光布轮”的细致打磨，可以使图案达到既精细又光亮的华美效果。这种方法废品率高，对工匠的技艺有着严苛的要求。画面的内容以传统中式题材为主，甚至还有不常见的玉米、石榴，大概寄托了小德张希望后辈多子多福的美好愿景。

7 / 奴才还是奴才，主子还是主子

A Servant Remains Servant, A Master Remains Master

今天我们依然能见到这些巧夺天工的套色玻璃要感谢府邸的第二任主人庆王载振。1925 年，载振举家迁往天津，购得此楼后，除加盖一层祖先祠堂外，大部分保留原貌，甚至连刻有小德张名号的玻璃都未动分毫，可见庆王对这套“二手房”是何等喜爱！后来，载振又依自己喜好，为府内添置了各类装饰，使本就奢华的府邸锦上添花。小德张如此精心打造的奢华豪宅为何仅住三年就转卖了呢？

据小德张家属张仲忱回忆，是载振主动向小德张提出，请其出让重庆道居所作为自己退居天津的府邸。即使小德张曾任清宫总管大太监，官至三品，奴才也始终是奴才，即便载振无权无能，只空有个“庆亲王”的帽子，主子也还是主子。哪怕大清倒了，小德张也不好驳主子的面子，这笔交易实属不得已而为之。当然，载振即便是主子也不能强占小德张的家，他也准备了丰厚的交换条件。据张仲忱回忆，载振以英租界湖北路 5500 平方米空地、北马路的门面房四座，附带 27 万元现金作为买房条件。据 1946 年天津房屋档案记载：“坐落位置为第十区湖北路二六号，土地面积六亩五厘七毫。权利人，张祥斋（小德张），男，籍贯河北静海，职业商人。（张祥斋）于民国十六年（1927 年）以‘永存堂张’之名义购自英工部局。”从史料来看这块地是小德张直接向英租界工部局购买，当然也有可能是载振先给了他买地的钱款。虽然具体成交价格存疑，但至少庆王没让小德张血本无归。

小德张非常有商业头脑，在宫内时便与浙江杭州著名丝绸商贾世家冯氏家族传人冯保义合办“祥义号”绸缎庄，其他还包括在京津等地开设木料厂、当铺、粮油店等，据说其名下共有三十余家店铺。载振作为交换的房屋、地皮到了小德张手里，无论经营商号还是做房地产生意，都能产生更多的收益。之后，小德张在湖北路新建了一座供自家人居住的宅邸，规模不逊于庆王府。后来他还在周围加盖了13幢三层公寓式楼房，取名“永兴里”，覆盖了一整条胡同，用于出租赢利。

祥义号

门厅东侧为客厅，整修后取名“承荫”，是当时载振一家会客的地方。客厅天花的浮雕，雕刻了完整的牵牛花纹饰，牵牛花俗称“勤娘子”，寓意勤劳顽强，藤蔓不断向上攀升，寓意福寿延年，财源滚滚。天花四周与墙面相接处雕刻西番莲，西番莲在西方享有类似牡丹在中国的地位，其纹饰由明代传入至清代盛行，在家具、建筑雕刻中得到了广泛应用。

今日庆王府对于每间房屋的重新命名大多取自北京原庆王府内住室和厅堂悬挂的匾额。载振的父亲奕劻是清代最后一位被封“世袭罔替”的亲王，俗称“铁帽子王”，后代承袭爵位无需降等，这也是载振仍能袭亲王爵位的原因。奕劻为乾隆皇帝第十七子永璘（初代庆亲王）之孙，镇国将军绵性之子。清王朝共有十二位“铁帽子王”，与其他十一位相比，奕劻既无重大功勋也不算皇室近亲。可以说，他是凭借自己的苦心经营与难得的时运，一路“逆袭”走上人生巅峰的。庆僖亲王永璘后代命运多舛，屡因犯错被夺爵，至道光、咸丰年间，奕劻家族作为宗室旁支，不但远离皇权，而且家境衰败、经济困难。奕劻早年只能靠教书、卖自己的书画作品为生。祸兮福之所倚，这项技能却成为他日后进入政权中心的敲门砖。同治年间，奕劻在方家园一带的居所恰好与慈禧太后的娘家为邻。他为慈禧太后的弟弟桂祥代笔，渐渐让太后注意到了这位远亲。奕劻处事圆滑、极善钻营，深得慈禧欢心。1872 年，同治帝大婚，

承荫厅

奕劻

清和硕庆亲王宝鎏金银印。印文左为汉阳文篆书“和硕庆亲王宝”，右为相同内容的满文篆书。此印为清光绪二十年（1894 年）慈禧太后六十诞辰时，晋封庆郡王奕劻为和硕亲王时所颁的鎏金银印。现藏于天津博物馆

清光绪二十年（1894 年）庆郡王奕劻晋升亲王爵金册

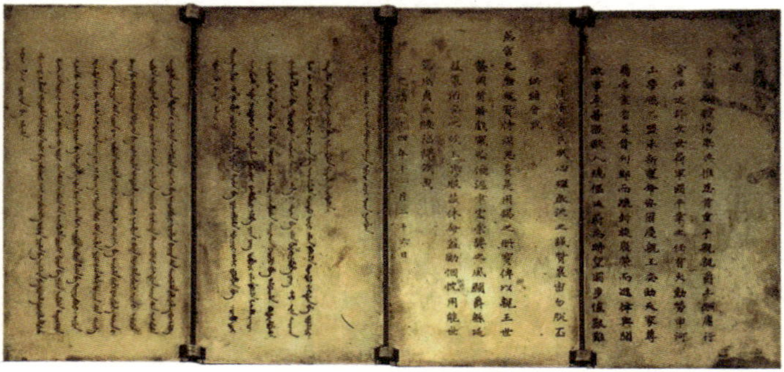

清光绪三十四年（1908 年）奕劻获封世袭亲王爵金册

奕劻山水团扇作品

奕劻被授予郡王衔，同时出任御前大臣。1884 年，奕劻被任命为总理各国事务衙门大臣，同年晋封庆郡王，这标志着他正式成为清朝外交事务的重要决策者之一。1894 年，慈禧六十大寿，懿旨封奕劻为庆亲王。庚子国变之际，奕劻与李鸿章受命同八国联军议和。1908 年，宣统帝即位后，奕劻因第一顾命大臣的身份及皇室宗亲的地位，被封“以亲王世袭罔替”。1911 年奕劻又出任内阁总理大臣。在他长达 60 余年的为官生涯中，历经五朝并有三朝身居要职，见证了清王朝从衰败走向覆亡的全过程。

奕劻早年的困顿导致其内心极度缺乏安全感，他自拥有权势后贪得无厌，公开卖官鬻爵，人称“老庆记公司”，其贪污纳贿的本事可与和珅比肩。巧的是，北京第一座庆王府就是原来和珅的府邸，后来咸丰帝将其收回赐给恭亲王奕䜣。奕劻一家则搬到今北京市西城区定阜街 3 号原大学士琦善的宅邸。据咸丰五年（1855 年），内务府档案记载："奕劻奉旨赏换定阜大街官房一所，共记一百六十余间。"1884 年，奕劻被晋封庆郡王后进行大规模扩建，到其晚年庆王府已有大小楼房五六百间，还修建了堂皇的万字楼和戏楼等建筑。据载振的四子溥铨和曾在庆王府中做过多年仆人的汪荣堃回忆，这座王府大院分成了五个独立的院落，朱漆大门敞开，内里有九座气派的主楼。房子修建得宛如宫殿般华丽，只是屋顶没有铺设琉璃瓦。大书房设有硬木雕花螺钿宝座，东书房为三合院结构，带回廊，庭院内草木茂盛，屋中珍藏经史子集与历代诗文集萃，配以各类文房雅玩。西侧则布置着穿堂式连廊建筑，专设古玩陈列厅用于接待贵宾。主要寝居院落均冠以匾额，"乐有余堂"为载振起居之所，其余还有"爱日堂""承荫堂""静观堂""识道堂""约斋"等。所有居所皆装饰古雅，悬有名家墨迹，室内陈设融合明清家具、古董与西洋自鸣钟。附属建筑群涵盖库房、茶坊、仆役居所以及回事处等。这仅是奕劻房产的一部分，即使小德张已把天津重庆道居所打造得异常华美舒适，但就规模来说，与北京庆王府仍不可同日而语。载振搬到天津后，在居住环境方面其实已大幅降级了。

8 / 关起门来做王爷

Playing the Prince Behind Closed Door

承荫厅的墙上挂有一幅油画，展现了 1930 年庆王府的外貌及周边街景。庆王府隔壁便是一块网球场，但载振不像宣统皇帝溥仪那样有一些新式体育爱好，他最大的爱好就是京剧，平日常在会客厅用留声机播放京剧唱段，还经常找一些艺人来家中唱戏。尚小云、谭富英、奚啸伯、李少春、张君秋、马连良等京津一带的京剧名角，经常出入载振家中。溥铨回忆，家中有一个房间曾挂满了这些著名演员赠送给载振的戏装照片。据载振的孙女爱新觉罗·毓宜（又名金婉如）回忆，府上并不像后世人附会那样，时时高朋满座、遗老遗少常来常往，除了梨园行的艺人来，家中大多时候都很安静。她也从未见过小德张来府上。经常走动的，只有跟载振结为亲家的晚清重臣那桐一家。那桐与载振两家的后代多重联姻，那桐的两个女儿嫁给了载振的长子溥钟和次子溥锐，那桐的一个孙女嫁给了载振的一个孙子；同时他的五女儿和三孙女嫁的还是父子，姑侄变成了婆媳。这种贵族间“亲套亲”的联姻方式在当时的社会里是普遍现象。

载振平日深居简出，出门除了看戏极少访友，尤其尽量避免与军政界联系。亲朋故旧家中，但凡有喜寿大事，也只是派儿子们出席。溥仪出宫后在张园居住期间，载振只在每年溥仪的生日那天，率长子溥钟、二子溥锐到张园祝贺万寿，行臣子该有之礼便罢。1932 年，日本扶持溥仪在东北地区建立伪满

载振

洲国，载振并不提前知晓。1935 年，溥仪 30 岁整寿，载振派溥钟、溥锐前往长春贺寿。临行前，他再三叮嘱二子要谨言慎行，尽量少和各方面人物接触。此后载振与溥仪便无来往。载振内心是很眷恋清王朝的，孙殿英盗陵案被揭发后，载振郁郁不乐很久。1931 年，他与载涛等四十余名清宗室联名呈请政府，要求严惩盗陵犯。载振生母，即奕劻大侧福晋合佳氏病故时，有一位亲戚送来挽幛，词为“母仪足式”。因为“仪”字触犯了溥仪的名讳，载振不允许悬挂。但他只是怀念并没有执着。在父亲奕劻的影响下，他深谙隔岸观火、明哲保身之道。辛亥革命后，曾罢免袁世凯的载沣（溥仪之父）怕袁世凯报复，本不打算再起用袁，但奕劻力荐袁出山，寄希望于他的北洋新军能挽清朝大厦于将倾。不料，袁反戈一击，以清帝退位为筹码与南方革命军议和。奕劻意识到大清命数已尽，便竭力劝摄政王载沣和隆裕太后交出政权，以清帝逊位的和平方式换取优待清室的条件，从而保全皇室。自此奕劻在皇族中被视为出卖祖宗的典型。溥仪在《我的前半生》中回忆为奕劻定谥号之事，心中愤恨溢于言表：

那年奕劻去世，他家来人递上遗折，请求谥法，内务府把拟好的字眼送我选择。我把内务府送来的谥法看了一遍，很不满意，就扔在一边，另写了几个坏字眼，如荒谬的“谬”，丑恶的“丑”，以及幽王的“幽”，厉王的“厉”，作为恶谥，叫内务府拿去。过了一阵儿，我的父亲来了，结结巴巴地说：

“皇上还……还是看在宗……宗室的分上，另……另赐个……”

“那怎么行？”我理直气壮地说：“奕劻受袁世凯的钱，劝太后让国，大清二百多年的天下，坏在奕劻手里，怎么可以给个美谥？只能是这个：丑！谬！”

“好，好好。”父亲连忙点头，拿出了一张另写好字的条子来，递给我，“那就……就用这……这个，‘献’字，这……这个字有个犬旁，这……这字不好……”

“不行！不行！”我看出这是糊弄我，师傅们又不在跟前，这简直是欺负人了，我又急又气，哭了起来，“犬字也不行！不行不行……不给了！什么字眼也不给了！”……

南书房翰林们最后拟了一个密字，我以为这不是个好字眼，就同意了，后来从苏洵的《谥法考》上查到“追补前过曰密”这句话，已经来不及了。

奕劻 1917 年去世时，已是民国六年，溥仪已退位，时任大总统黎元洪根据“优待清室条件”中关于“清王公世爵如其

1917 年奕劻长子载振承袭亲王爵金册

旧”的约定，下令：“清宗室庆亲王奕劻因病出缺，所遗之爵，本大总统依待遇清皇族条件第一项，以伊长子载振承袭罔替。”于是，载振便成了民国政府认定的庆亲王，这也是新旧交替的特殊历史时期的一段略显滑稽之事。

载振本身不善做官，耽于享乐，再加上父亲奕劻的这段往事，他断然不会参与溥仪的“复号还宫”大业，此后也从未参与政事。1940 年，伪华北行政委员会王揖唐曾派人来，想请载振出任伪职，载振予以谢绝。1947 年，载振病逝于天津，曹汝霖、朱作舟等人商议，鉴于载振自清帝逊位，历经北京政府、南京政府、日占时期均未出山，私谥曰“贞”。因此，他的灵牌上写的是“庆贞亲王载振”。

9 / 振贝子的环球之旅

Prince Zaizhen's Global Journey

1902 年，载振被清廷委派赴英参加英国国王爱德华七世加冕典礼。这是他为官生涯中第一次出访，也是他一生中最为光辉荣耀的时光，或许这也是他晚年选择定居旧英租界的原因之一。载振曾在王府内收藏了许多大大小小的西洋座钟。据说，他喜欢将每个座钟的时间调得各不相同，每到整点时府内便会间隔响起此起彼伏的钟鸣，宛如一曲音乐。不知是不是王爷在回味青年时代的环球之行，坐在家中也能体验各国时差。

庆王府的两任主人同生于 1876 年，而命运却天壤之别。载振是乾隆皇帝的玄孙、奕劻的长子。载振降生时，奕劻已被授予郡王衔，任御前大臣；8 岁时，父亲已晋封郡王，任总理各国事务衙门大臣。可以说，载振的青少年时期，正是其父节节攀升、飞黄腾达之时。在父亲权势的庇荫之下，载振从小顺风顺水、备受恩宠。小德张不惜自残，费尽心机钻营了 20 余年才获得三品顶戴，而载振仅 14 岁即获赏头品顶戴，18 岁选在乾清宫行走。1894 年，适逢慈禧六十大寿“行庆施恩”，奕劻晋封庆亲王，未及弱冠的载振晋封二等镇国将军，可谓一门荣宠，富贵无极。奕劻不仅保障了后辈仕途顺遂，还将极好的外貌基因遗传下去，子女个个出落得十分标致。奕劻子嗣众多，共有 6 个儿子 12 个女儿，其中很多子女早夭。较有名的，除载振外，还有次子载搏，仪表堂堂，玉树临风，被誉为“晚清最帅的男子”，4 岁即获赏头品顶戴，最高至镇国公衔。奕

童年载振

载搂（中）

劻的四女儿，人称四格格，被誉为“晚清第一美人”，自幼被送入宫中侍奉慈禧太后，有大家闺秀风范，为人周到体贴，是慈禧宠信的几个近侍女眷之一。载振与二弟载搂虽非一母所生，却长得十分相像，眉目如画，也很聪慧，一副青年才俊的模样，深得慈禧喜欢。

四格格

1902 年，英国维多利亚女王去世，新王爱德华七世继位，欲在夏季举办加冕典礼，邀请中国派员赴英致贺。这项殊荣便落到了载振头上。1902 年 1 月 21 日，朝廷降谕：“明年五月为英君加冕之期，着派镇国将军载振充头等专使大臣，前往致贺，以重邦交。”此时载振 26 岁，他年纪轻轻能有此机会，无疑得益于其父奕劻的权势地位。

1900 年八国联军攻破北京后，慈禧太后携光绪帝仓皇出逃，清政府与各国驻华公使失去联系，很长一段时间内京城处于混乱无序的状态。当时慈禧已命李鸿章为全权议和代表，但列强并不认可其资格。且英、日、德诸国视其为亲俄派，不利于本国攫取在华利益。由于奕劻此前在处理外交事务时得到列

四格格（左一）与慈禧（左二）戏装照

强的信任，各国使节一致要求清廷派奕劻出面议和。海关总税务司罗伯特·赫德在转达各国使节意愿时说道："外洋向以百姓为第一，宗社尚在其次，所说数事（宗社与百姓安危），尚不甚难，但必须请庆王爷急速回京，李中堂来与不来均可。缘庆王爷在总署办事多年，谨慎和平，为各国所钦佩，是以各国均愿与庆王爷早日商议和局大事。倘若迟迟不来，恐大内一切不堪设想。"1900 年 9 月 3 日，奕劻在英、日两国军队的迎护下回到北京。奕劻在谈判中一方面竭力保全慈禧不受列强制裁，另一方面将容易产生冲突争执的事项都推给李鸿章，自己则得以保持在列强面前的"良好"形象。一场屠戮百姓的战争，一个丧权辱国的条约，却成了奕劻进一步迈入权力中心的垫脚石。难怪溥仪感叹："庚子事件是他一生中最重要的事件，在他和李鸿章向八国联军议和的过程中，他既为西太后尽了力，使她躲开了祸首的名义，也让八国联军在条约上满了意，从此他有了外国后台。当时人们议论起王公们的政治本钱时，说某王公有德国后台，某王公有日本后台……都只不过各有一国后台而已，但是一说到庆王，都认为他的后台谁也比不上，计有八国之多。因此，西太后在庚子后非常看重他。"

庚子国变后，清政府为挽救统治危机，主动开始了一场自上而下的经济和政治体制改革运动，史称"清末新政"。新政内容涉及政治、经济、军事、教育和社会等多个方面。慈禧吸取戊戌变法的教训，想着力从宗室中挑选、培养一批亲贵子弟辅佐朝政，载振也成为重点培养对象之一。此前（1901 年），清廷曾被迫派出年仅 18 岁的醇亲王载沣作为头等专史大臣赴德，为义和团运动中德国公使克林德之死专程致歉，遭到德皇多次刁难，并坚决反对其访问其他国家。载沣勉强完成外交使命后直接回国。而载振此次出访，是清廷首次主动派出宗室出使西洋。清廷对他此行十分重视，降谕“载振加恩着赏加贝子衔”，希望其借典礼之机“恢扩见闻，增长学识”。因为奕劻与各国的特殊关系，载振在京城时就常与各国公使互相拜晤交往。听说这次载振为出使大臣，各国公使纷纷向他抛出橄榄枝，想邀请其赴本国游历。于是清廷计划让载振环球旅行，游历欧、美、亚诸国，考察这些国家的政治制度、科技文化，以备借鉴。一时间，载振可谓风光无限，前途无量。

载振一行于 1902 年 4 月 11 日由北京出发，同年 9 月 24 日回京，为期近半年。赴英国致贺后，载振又应邀赴比利时、法国考察，然后横渡大西洋访问美国，再横渡太平洋访问日本，完成了之前载沣未竟的环球之旅，成为首位遍访欧、美、亚各国的宗室。此次出访也比载沣当年顺利得多，载振一行受到各国非常热情地接待。以下为其行程。

抵达英国后，载振受到英国外务部大臣参赞费乃亲自迎接。随后，英皇于 6 月 2 日午刻接见，载振呈递国书。本来按照惯

载振出使英国

载振（右四）与驻法国公使裕庚（右一）一家在巴黎合影

例，应等候所有国家专使集齐，统一接见，但英皇“笃念邦交，特定单班先见”，并派礼官率宫车来专程迎接。后因英皇生病，典礼延期，载振未能参加。离开英国赴比利时后，载振于 7 月 1 日入皇宫见比利时国王，后者佩戴清廷赠给的黄带珍珠宝星，在穿堂静候。晚宴时，载振坐在国王身旁。之后，国王赠其宝星勋章。7 月 12 日，载振在法国见到法国总统鲁佩及其夫人，离开时总统将他一直送至台阶底下才回去，随后又派外交部官员赠送其宝星勋章。乘船渡过大西洋后，载振一行于 8 月 11 日在华盛顿会见美国总统，之后总统宴请使团。一个月后，载振乘船来到日本。在日本，载振受到了此次访问最为隆重的接待，9 月 2 日，载振会见日本明治天皇，午宴日皇率领宫内省、外部大臣陪坐。9 月 13 日，载振抵京都，小松亲王特意留在京都，亲自迎接并“陪游各处”。载振在日本遍访东京、京都、奈良、广岛等主要城市，都受到礼遇，“朝野接待，情谊优隆”，“旅馆及车马费，皆日皇发给，所糜甚巨”。9 月 19 日，载振从日本马关回国，市民皆“悬国旗为敬”，送行者四五里而“排列不绝”。

1902 年，载振（右二）一行出访美国，与驻美公使梁诚（左四）合影

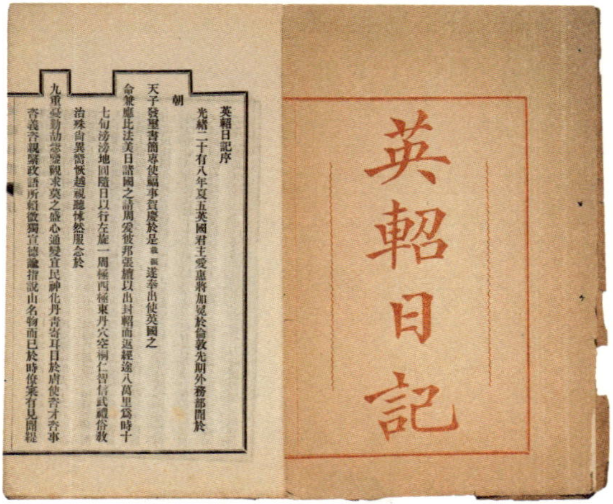
英軺日記序
光緒二十有八年夏五英國君主愛惠將加冕於倫敦先期外務部聞於
朝
天子發璽書簡專使編事賀慶於是載振遂奉出使英國之
命兼應比法美日諸國之請周爰彼邦張檀以出封軺而返經途八萬里爲時十
七旬滂滂地圓隨日以行左旋一周極西極東丹穴空桐仁智信武禮俗教
治殊尚異嚮愜越祕聽怵然服念於
九重憂勤劼毖覜求奠之盛心通變宜民神化丹青寄耳目於唐使咨才咨事
咨義咨親聯政語所稍徵獨宣德謙措說山名物而已於時僚案有見聞經

《英轺日记》

回国后，以载振口吻记述的《英轺日记》出版。其中录述了载振一行沿途访问各地的政风民情，并详细记录了英、比、法、美、日各国政治、经济、军事、外交、教育制度，作为清末新政的重要参考。可以说载振此次出访规格之高，经历之富，见闻之切，感受之深，影响之广，都是此前清廷皇室子弟绝无仅有的。时人评价“贝子以天潢之贵胄，作周道之皇华，庆加冕于英京，拓游踪于美地，斯诚本朝二百余年来未有之异举也”，此可谓晚清一大外交盛事。

载振归国后不久，向光绪帝上递《敬陈管见折》，总结出访经历并主要陈述三件事，都是围绕商务问题展开：第一为“商务”，介绍了西人赛会，即世界博览会，认为“赛会为商务最要关键，国家不惜津贴巨资，使商人挟赴他国赛会，收效至速”，并提及日本、美国将于1903、1904年分别召开赛会，建议各省选派“富商良匠”积极参会；第二为“路矿”，认为中国可以博采他国路矿章程，使官民权责分明，争端有法可依，并召集外国华商集股经营；第三为“学堂”，建议订立与政治、理财、法学、武备以及一切工艺相关的教学书籍和规范，并安排学生出路，使学堂广储人才。这些建议受到上层肯定，载振也受到慈禧宠信与重用，短时间内接连被任命为镶蓝旗汉军都统、御前大臣，管理火器营、正红旗都统等职。1903年上半年，清廷又派载振、那桐率团赴日本考察第五届劝业博览会。中国当时参展的有江苏、湖北、湖南、山东、四川和福建六省。由于近代机器工业较为落后，参展商品大多以手工业品、农产品为主，这是晚清中国为向世界展示自己而迈出的一小步。带队的王公大臣们虽多游玩览景，但在博览会、炮兵工厂及农事场所的参观中亦有所收获，此后晚清之商部机构设置深受日本影响。

同年9月，清政府正式设立商部，这是清末新政的一项重要举措。商部是继外务部之后，在原有六部体系之外设立的一个全新的中央机构，是清政府一次主动而积极的机构改革尝试。以统一的中央国家机构管理商务，在明清史上尚属首

振貝子奉使啓節圖

振貝子舟抵香港圖

《京话演说振贝子英轺日记》绣像插图

次。该部与满汉双轨的六部不同，它仅设尚书 1 人，不拘满汉。考虑到载振两次出洋考察经历，又曾上陈商务建议，以及《英轺日记》对各国商务之详陈，慈禧太后认为其颇通西方政情、商情，是该部尚书的不二人选。1906 年 10 月，商部改为农工商部，仍以载振为尚书，直至其次年辞职为止。载振成为清朝第一任商部尚书，任职 4 年。

这段经历可以说是载振为官生涯中唯一值得夸耀的。商部制度仿效西方成法，各司分工明确，职权范围涉及农、工、商、矿、交通等各经济方面，较传统各部办事效率高，达到了“上下通情”的效果。商部在选人用人上也颇具开明风气。传统六部官员里重要位置的官员多为皇族亲贵，约占 60% 的比例。而商部主要官员中满人相对较少，吸纳了很多汉族官员和留学生，如唐文治、伍廷芳等。载振在任时，商部确实采取了诸多促进工商业、农业、路矿业发展的措施，并积极动员政府、民间力量逐步实施。如出台一系列保商、奖商法规，从法律上确保商人的合法地位，奖给商人官职和商勋来鼓励投资；推动各地方成立商会，打破行帮壁垒，四方声息相通；创办报纸、设立实业学堂，加强实业教育。这些举措一定程度上有助于为国内工商业发展营造良好环境。此后，各地民间设厂增多，产值增加，涌现出一批以“南张北周”为代表的实业家。

客观上，载振的环球之旅与主管商部时期的举措确实为腐朽僵化的清廷吹来一股新风，但这并不能归于载振一人之功，也无法作为其才能的有力佐证。首先，《英轺日记》的作者存疑，学界有两种观点：一是认为日记为随行官员唐文治代笔。唐文治在自己的年谱中明言“余公务之暇，为载大臣编《英轺日记》成，进呈御览”，且日记序言及部分内容也收录在唐文治文集中。另一种观点认为，日记是由使团成员共同编纂成书，内容包括载振与随行参赞的搜采、访谈以及翻译官的译录。载振之子溥铨谈及此事说：“我父只是粗通文墨，不擅写作，更未见他写过日记或和亲友吟咏赋诗。”这些均能说明《英轺日记》确非载振个人著作，他仅作为出使大臣领衔署名。唐文治与奕劻、载振父子交情匪浅，曾随奕劻参加辛丑议约，又随载

唐文治

唐文治（1865—1954），字颖侯，号蔚芝，晚号茹经，生于江苏太仓，民国元年（1912年）定居无锡。著名教育家、国学大师。光绪十八年（1892年）中进士，官至清农工商部左侍郎兼署理尚书。后退出政坛，潜心从事教育事业。1954年4月9日在上海病逝，终年90岁。著作有《茹经堂文集》《十三经提纲》《国文经纬贯通大义》《茹经先生自订年谱》等。

振访英。载振奉旨筹立商部时各种奏折、章程，常由唐文治代拟后署名载振。后载振通过奕劻保举唐文治为商部左侍郎，由五品直接擢升为三品。可见载振并无真才实学，最多算善用贤才，不过他至少没有成为进步的阻力。

其次，奕劻与载振父子积极参与新政的本质是为攫取权力。载振的所谓“新式思想”，其实是对西方自由平等和宪政的认知偏差和误解。载振对发展商务、实业、教育显示出开明之姿态，但只停留在对西方的浅层模仿，在具体办学宗旨上，则推崇儒家先贤圣教，嘉勉华商建立孔圣学堂，赞日本教育“以伦理为重”等。商部设立之根本，也是为维护清政府专制统治。对于西方“平等之说”以及“民权之重”的曲解，最能体现载振思想的保守。他认为“议院之中，各抒己见，而一人主持于上”是遵行“差等”，没有真正的平等；英国民权重君权轻，办理国是，如有舛误，只能归罪于执政者而不能怪罪于君主，这是宪法的效用，因此民权虽重也不能犯上。载振完全背离了西方宪政分权、制衡之宗旨，反而从中为维护皇权找到了支撑，实在贻笑大方。

此外，载振行事作风也不像有经世报国之志。载振生于膏粱锦绣之家，自小锦衣玉食，生活向来靡费，又好流连烟花柳巷，欢饮达旦。他因此屡次被弹劾，丑闻引发官场风波，导致他最终辞去尚书一职。

宣统年间，载振又有两次奉命出使，并被皇族内阁聘为弼德院顾问大臣，但再无首次赴英之风光与影响。两次出使，一次是 1909 年 5 月，前往日本呈递国书，答谢该国曾派员来华为光绪皇帝送葬；另一次是 1911 年 6 月，被清廷任命为“头等专使大臣”，赴英国致贺英王乔治五世加冕。回国后，他虽然上奏说“欧美文化绝尘而驰，中国宜急起直追”，但实际并无具体建议。第二次访英，载振受到的礼遇也与第一次大相径庭。英人认为载振已在政界无重要官职，且留有发辫，着装怪异，对其颇为轻视。载振羞愤至极，又发出“剪发易服”之狂呼，这仍然出于一己之私，并非为中国之革新考量。

1911 年，载振赴英参加乔治五世加冕典礼，政府派巡洋舰队统领程璧光率海圻号巡洋舰一同前往，隆重异常

東方雜誌　第八卷　第四號　英皇之加冕禮　二十　1

英皇之加冕禮

傖父

陽歷六月二十二號。爲英國皇帝舉行加冕典禮之期。我國遣專使致賀。禮也。謹按英國皇統。雖非一姓相傳。而其爲英國正統者。厥惟開索遜王朝統一英國之維塞克國王以格伯爾、及亞弗勒大王之血統耳。以格伯爾於西歷八〇二年卽位。今之英皇喬治第五。卽其第三十九世孫。維塞克王國之創立。在西歷四九五年。迄今千四百十六年。相傳不絕。故英國皇統。可稱之爲世界中悠久之皇統。此次舉行之加冕禮中。彙有千百餘年前之禮式。自本月十七號至十九號。外國貴賓及殖民地代表。業已漸次齊集。二十號在巴金汗宮賜宴。加冕之翌日。英皇同英后巡游倫敦市。繼則有斯畢赫 Spithead 大閱軍艦式。宮庭游園會。帝國劇場觀劇。及謁聖保羅寺之舉。三十號。在水晶宮開十萬兒童宴。七月則有幸愛爾蘭及蘇格蘭之舉。七月十三號。則在威爾士州克奈爾翁城行皇太子就位之禮。先是、六百二十七年前。愛德華第二。卽誕生於此城。厥後。則封爲最初之 Prince of Wales（英國皇太子稱號。）故此舉亦爲大典。英國皇室。自前月七號英先皇大祥以來。十六號則有故維多利亞女皇紀念像開幕禮。德皇德后亦來會。嗣後三月之中。慶典陸續不絕。其皇室之尊

英皇喬治第五

《东方杂志》第八卷第四号关于英王乔治五世加冕的报道

华商上海信成银行发行的纸币上印有商部尚书载振肖像，左侧图案为华商信成银行大楼

1905年，清廷设立了第一家由官方开办的国家银行——户部银行。户部银行的出现，催生了商业储蓄银行的蓬勃发展。1906年4月28日，由无锡实业家周舜卿和上海商人沈缦云共同发起创办的信成银行正式开业，位于上海南市大东门。信成银行是中国的第一家私营银行，也是中国金融史上第一家商业储蓄银行，开创了中国银行业的新纪元。

信成银行创始人周舜卿早年通过买官攀附上奕劻、载振父子，后任商部三等顾问、特赏二品顶戴。因为这一强势后台，信成银行成立后获得由清政府给予的发行钞票之特权，但随着清王朝覆灭，信成银行于1913年停业。

载振的保守与无知是皇室子弟的通病，但数次出洋，西方社会带给他扑面而来的感官震撼，对他的精神世界造成的巨大冲击，是难以抵抗的。于是，他便将西方现代化的制度与他头脑中沉淀了几千年的封建思想进行了自以为是的勾兑与调和，从而达成内心的自洽。这是一种倒退的“中体西用”。因此，“开眼看世界”对他的影响，注定只能如烟花般新奇刺激而转瞬即逝，无法真正击碎被专制皇权层层包裹的内核，西洋的繁华富庶最终只能化作一声声钟鸣回荡在空寂的王府。

10 / 王府的一日三餐

A Day of Meals in the Prince Qing's Mansion

门厅西侧为餐厅，整修后取名“契兰”。餐厅天花雕刻了祥云簇拥的凤凰、仙鹤、蝙蝠等祥瑞纹饰，天花四周与墙面相接处雕刻百子图。餐厅和客厅旧时的天花浮雕已老化变黄，后期专家按照原始图案进行了修复。庆王府两任主人在京城时一个与慈禧同灶享御膳，一个家产富可敌国、日日炊金馔玉，这种饮食上的奢侈之风到了天津能否延续呢？

宫内对于吃饭有很多讲究。慈禧回銮后的第二年，小德张便升为御膳房掌案，一直做到慈禧去世。他对于老佛爷的“吃”，是狠下了一番功夫研究的。慈禧对御膳房的要求极其严格甚至刁钻，每到用膳时必传唤宫中“散差”候命，（“散差”即掌刑太监，逡巡宫闱，专门惩戒犯错的宫女、太监），菜咸了要打，淡了要打，面食大小不合心意要打，菜品火候不到位更要打。打人也讲究“打全堂”，从御膳房首领开始，一级一级打到厨子，仿佛将此作为佐餐之音乐。小德张做了掌案后，每天琢磨怎样让主子吃得顺心，还经常亲自下厨研究菜式，最后炒出来几样拿手菜深得老佛爷欢心，如烩鸭条、炖鹿尾、爆羊肉等。小德张在任时，御膳房太监们虽也会挨打，但比之前少了很多。李莲英、小德张吃饭都与慈禧同灶，御膳房上菜前，小德张都要先尝一份，确定口味后再批准给慈禧摆膳。或许在宫中吃遍了山珍海味，小德张寓居天津后，反而吃得比较简单。其法律顾问夏琴西回忆，府内厨房做的菜相对平常，小德张甚至还喜欢吃自己做的素菜。但吃饭的规矩却很大，子孙吃饭前须双手捧碗向他请蹲安，并说：“请老爷赏饭！”此后他向每个人碗中夹一箸餐饭，儿孙们要再说一句：“谢老爷赏！”早晚请安也都照搬宫内礼节马虎不得。

载振到了天津后，在吃上也不比在北京王府时讲究。他的生活闲适而懒散，常常睡到下午一两点才起床吃一天的第一顿饭，晚上九点左右吃第二顿饭，饭后再喝牛奶、吃水果。若是赶上外出看戏，则要提前吃完饭，夜间一点左右再吃一次夜宵才入睡。王爷虽做派古板，晚睡晚起的作息倒很像现代人。许多文章称载振一家搬到天津依旧锦衣玉食，奴仆成群，府中宴饮只喝自酿的香白酒。这种说法大概是根据载振家仆汪荣堃的回忆推想而来。汪氏记述：载振在北京王府时，家中共十五六口人，他和妾室一起用餐，一桌十到十二样菜，“每日消耗的鸡、鸭、鱼、肉、海味等据说需五十斤以上”，每逢宴会则更加铺张。府中专门做菜的高级厨师有六人，其他副手有九人之多。载振一家每次吃饭时，男仆会将每道菜装进手提木盒，从远隔四五房外的厨房飞奔到内院门口交给太监，太监一直送到饭厅门口交由女婢送上餐桌，整个过程必须衔接妥当、行云流水才能保证菜不会变冷。每餐仅是粥类食品就有“大米粥、麦片牛奶粥、薏仁米粥、莲子粥等几种，至于所用食具那就更讲究了。”王府宴会用的酒，是酒库储存的多年陈绍酒以及家中用白干酒加

契兰厅

佛手、木瓜、广柑、冰糖等泡制的香白酒。同时，他还饮用外国进口的香槟酒、葡萄酒。每日饮水是特制的蒸馏水。由专人每天生炉，上烧一口高式圆筒形铁锅，锅上有铁板制的盖子，其边沿约有半尺高。锅内加入自来水，锅盖外檐灌入冷水，锅边安插铁管。当水煮沸后蒸气上升至铁盖遇冷凝结成水珠，再顺弧形盖壁流入水槽内，由此便可一天产出两罐水供全家人饮用。

实际上，北京王府里这种挥霍无度的生活，到天津已相对从简了。据载振之子溥铨回忆，天津府内楼房西边的平房是大厨房，主管厨师手下有十几人，“分别负责面案、墩上和灶上，承担我们全家和佣人的膳食。每遇家里人过生日，便由厨房师傅自办筵席，遇有喜寿大事，还请大饭庄如登瀛楼的厨师到家里来做”。载振孙女金婉如 4 岁时随祖父迁至重庆道王府。她回忆说载振平日只饮茶不喝酒，日常正餐也只是四个菜，家中仆人虽多，但比之京城庆王府已然相去甚远。不过两位后人当时年纪很小，且从香白酒和蒸馏水的制作过程看，倒也不会花费巨大，只是费些人工罢了，因此在天津延续下来这种生活习惯也是有可能的。

11 / 两任主人的戏曲情结

The Opera Obsession of
Two Successive Owners

天锡厅

由门厅进入中庭，豁然开朗，宛如置身于一小型剧院。中庭为内天井式大厅，地面是光滑的水磨石。顶部用纯铜打造，顶部外侧有集风向标、指南针功能于一体的避雷针。楼顶高大的罩棚四周皆是能够打开的大玻璃窗，天气宜人的日子，坐在大厅里能享受微风、阳光，与置身院中一样惬意。中庭面积约350 平方米，正中垂悬而下两盏据说进口自比利时的葡萄枝造型吊灯，是这幢宅院内唯一保留下来的建房时期原装灯具。小

楼顶罩棚

葡萄吊灯

天锡厅日景

天锡厅夜景

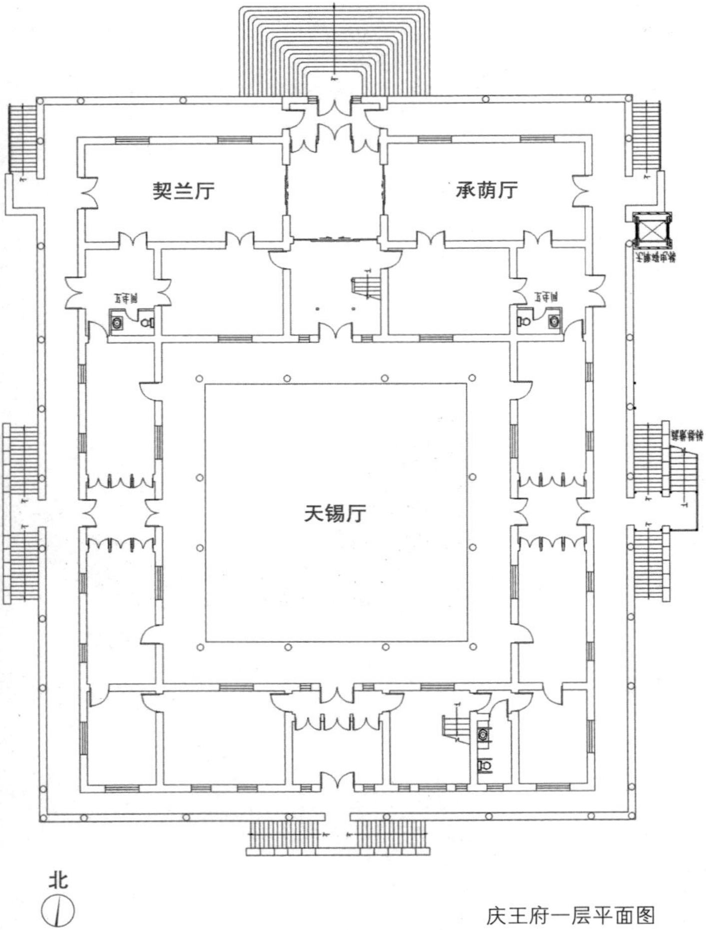

庆王府一层平面图

德张非常喜欢选择这类果实、种子很多的蔬果作为装饰元素，大概是因为自身的生理缺陷，无后的事实已无法改变，只能以物寄情，盼望来世能儿孙满堂，尽享天伦。葡萄的紫色又寓意紫气东来，有王者之象。这对葡萄吊灯最珍贵之处在于，葡萄串造型的灯罩及葡萄的枝蔓叶子，均为插接组装而成，可拆开清洗、擦拭，因此至今仍可使用。点亮时，葡萄珠一如往昔晶莹透泽，鲜艳欲滴，恰似凝固在这王府里永恒的旧时光。

天花四周彩绘为整修时，将无法恢复的原始彩绘元素采取“丝网印刷”技术移植至顶棚作为装饰。上空有钢筋拉杆结构支撑，是唐山大地震后为防震加固安装，数十年后已与原始建筑结构融为一体，因此整修时为保证建筑稳定没有拆除。

据载振之子溥铨回忆，曾经这里的布置富丽堂皇，仿佛王府的银安殿。穹顶高悬三幅御赐匾额，分别为“宝胄蕃厘”“徽猷诩赞”与“天锡纯嘏”，鎏金大字昭示着昔日荣宠。墙面装点御书诗轴真迹，“地僻门深少送迎，披衣闲坐养幽情。秋庭不拄携藤杖，闲蹋梧桐黄叶行”；还有慈禧太后落印的“嘉祉”“福寿”墨宝镜框。厅堂中央矗立着紫檀雕刻围屏，两组紫檀木精雕长案对称摆放，四周错落布置着螺钿镶嵌的八仙桌椅与日本七宝烧花瓶。旧时小德张曾专门设置了一座可拆卸的木质戏台，台基宽三米、进深两米，用来表演传统曲艺。

小德张住在这里的时候，常邀民间曲艺演员来府上唱堂会。

1923 年，小德张迁入这座新居后不久，正值其母唐氏大寿，遂遍邀天津京剧界名伶大办堂会。大厅里装上了小舞台，京剧名角李吉瑞、薛凤池、程永龙、小兰英等登台献艺。当时大厅的环廊挂满了绢制宫灯，中间还悬挂着一个巨型跑马转灯。到场的著名书法家李兆珍当场挥毫书写对联，曰："堆秀飞霞尤尽画师神妙，流丹叠翠费煞匠子灵心。"一时宾客盈门，许多皇室遗族、民国政要也前来贺寿，其中包括载涛、载振、马福祥、马鸿逵、傅作义等。或许就是这时，载振看中了小德张的新居。载振一家迁入后，戏台被弃置，每逢吉庆之日邀堂会，便直接在大厅内铺地毯演出。

京剧是这间府邸两代主人共同的爱好和消遣。京剧能够从纷繁复杂的戏曲种类中脱颖而出，由市井艺术跃升为宫廷主流娱乐，并逐渐被赋予"国粹"地位，离不开慈禧太后对京剧发展的推动。咸丰以前，宫廷戏班本以昆弋两腔为正统，但慈禧更为欣赏民间时兴的西皮、二黄诸腔戏，所以清末戏班主要唱习皮黄。慈禧太后对京剧的喜爱近乎痴狂，一年之中除先皇忌日按例不能欢乐外，几乎日日有好戏上演。每年夏天，慈禧都要在颐和园避暑，她命人在昆明湖的游船上搭戏台"巡演"。她乘坐肩舆在岸上游赏，指定到哪处，哪处就得开演，稍有耽搁，戏班上下许多太监都要受牵连，免不了一顿杖责。清宫承应演戏的艺人分为"外学"和"内学" 两种："外学"是挑选优秀的民间戏班、著名艺人入宫应承演出，名角谭鑫培、孙菊仙、杨小楼、王瑶卿、王长林等人均曾为内廷供奉；“内学”则是由宫内太监艺人承差。在慈禧的恩威并施、严加管教下，清末“内学”水准陡升，少数太监完全能与民间名角相媲美，只因受限于宫内环境并不为世人所知，小德张便是其中佼佼者。

一日，慈禧传唤杨小楼领班入宫承差，演其拿手好戏《八大锤》，出自《说岳全传》。讲的是金兀术派义子陆文龙助阵进犯宋朝边界，与宋营四锤将大战之事。该戏以陆文龙武打为主。1931 年元月，杨小楼曾在上海荣记大舞台演《八大锤》，《戏剧月刊》评价“小楼是夕精神百倍，朝气盎然，与岳飞会阵之封枪手眼身法步，处处圆到，度数匀称，美观之极。打宋将后探海望月、朝天蹬翎子、十字枪、背后换枪、走跺步等式，层出不穷，无美弗臻，台下彩声雷动，真美固动人也。”53 岁的杨小楼尚能有如此技艺，何况他清末入宫之时正值壮年，身体条件应更胜。但或许是未将宫里戏班放在眼里，这日的《八大锤》仅上几个套子活，亮了几个相便敷衍过去了。第二日，宫内戏班又上演这出戏，小德张饰陆文龙，使出压箱底的绝活，犀牛望月、夜叉探海，倒背金钟、舞双头蛇……老佛爷竟看得入了神，讶异道：“真没想到南府戏班这出戏，把外学的盖过啦！”此事令杨小楼对小德张刮目相看，后来小德张升任戏班总提调，再传他入宫演戏，杨小楼从不敢怠慢。此后，慈禧常杨小楼（1878—1938），京剧武生演员。曾为清朝“内廷供奉”，是文武全才“奎派”老生杨月楼的独生子。幼时入小荣椿科班学艺，17岁出科，在京、津两地搭班表演。后得义父谭鑫培和王楞仙、王福寿等人指点，并拜俞菊笙为师。24岁搭入宝胜和班，以“小杨猴子”之名露演，名声渐起。与梅兰芳、余叔岩并称“三贤”，享有“武生宗师”的盛誉。他创立的“杨派”是影响最大的武生派系。

《灞桥挑袍》杨小楼戏装照

点小德张与当时的一众名角搭台唱戏，他与王瑶卿合演《能仁寺》、与梅巧玲合演《得意缘》、与杨小朵合演《破洪州》，彼此工力悉敌、旗鼓相当，内行也十分认可。

最令小德张难忘的还是在慈禧万寿大典上，他给老佛爷唱的最后一出戏。1908年，慈禧太后于国家风雨飘摇，内忧外患之际，依然如常举办她的73岁万寿大典。这一年，西藏活佛达赖十三世专程来到北京觐见，跪诵《万寿经》，为太后祈福增寿。慈禧太后宴请达赖时，特意让他点一出戏。达赖选择了《雁门关》，这出戏又名《八郎探母》，讲述了宋辽交战期间，杨八郎与辽邦公主青莲的爱情故事，最终宋辽两军罢战和解，是颂扬民族团结的主题。慈禧心中非常满意，传旨十月初九演戏。慈禧太后本意传小生名角王楞仙等人入宫应差，但王楞仙表示自己不会城楼武功部分。慈禧无奈之下，又点名让小德张出演。这时小德张已升为了御膳房掌案，按身份地位已很少唱戏了，但京剧已成为他的爱好、融入他的生活，功夫并没有荒废。一套八本的唱词对白，小德张仅用一天半就记下来，还能配合高难度的招式动作，愣是顺利完成了演出。慈禧太后没有挑出大毛病，第二天传旨："赏小德张蟒袍一件！"

寿典之后不久，慈禧突然生了重病卧床不起，很快便驾鹤西去了。这出《雁门关》也成为小德张在清宫戏台上的绝唱。1957 年，小德张在天津迎来生命的黄昏，他特地叮嘱亲属，不要厚葬，只为他穿上那件老祖宗赐的土黄色蟒袍便可。小德张离开皇宫来到天津时年仅 37 岁，终年 81 岁，生命的大半都是在天津度过的，但从他对后人的讲述来看，显然宫内那仅占人生四分之一的 22 年才是他一生最难以割舍、念念不忘的时光。

戏曲对小德张来说，是赖以生存的技能，而对王公贵族们

杨小朵（左）与小德张（右）戏装照

来说，则是更为纯粹的喜好和消遣。所谓“上之所好，下必甚焉”，宫廷演戏之风的兴盛，培养了一众痴迷戏曲的王公大臣。北京的王府大多建有专门的戏楼，每逢重要喜庆之日便大办堂会，广邀名角，逐渐形成一种特殊的演出市场。堂会演出不仅名伶齐聚，剧目也较一般营业演出更为精彩，名角收入也高出许多。这种形式一直延续到 20 世纪 40 年代末。恭亲王奕䜣在恭王府所建的大戏楼“怡神所”，是我国现存最大的全封闭式室内戏楼，纯木结构，舞台下放置九口大缸用于扩音，其音效甚至超过现代音乐厅。该戏楼上演过许多顶级剧目，最盛大的为 1885 年和 1887 年两次庆寿大堂会戏，共演出了百十个剧目，创王府堂会戏规模之最。奕劻也在北京庆王府内建有一座戏楼，位于西三路后部园内，规模宏大、装饰精美，能容纳 300 余人，是王府戏楼中之翘楚。奕劻每逢生日或节庆都要大摆宴席，演戏三天。

关于庆王府堂会，一段逸事流传甚广。一次，奕劻为福晋祝寿办堂会，谭鑫培应邀出席。奕劻提出请谭老板唱“双出”（一人分饰两个角色，演出两段），谭提出须在场大臣行大礼为条件。话音未落，在座的军机大臣、大学士那桐当即向前跪倒，称：“请老板赏脸！”由此足见名角地位之尊，也可见那桐拍马屁的功夫之深。可惜北京庆王府戏楼未能留存至今，1971 年 2 月 4 日，在此演出京剧《红灯记》时，剧务人员在后台吸烟，引燃幕布、道具，致使整个戏楼被焚毁。

王公贵族不仅观剧，还喜欢亲自票戏，如肃亲王善耆擅长武生戏，号称与杨小楼齐名；溥侗（红豆馆主）更以“文武昆乱不挡”的造诣成为票友宗师，教授言菊朋等专业演员。载涛擅长武生，既能长靠又能短打，所演《铁笼山》《金沙滩》《水帘洞》等，尤为内行称道。载涛、载洵兄弟曾为排演《黄鹤楼》，临时拉摄政王载沣救场饰演周瑜，显见戏剧已融入贵族日常生活。

这些贵族票友们还组织了一班互相学习欣赏、不定期表演的京剧社团，人称“贵胄班”，溥钟、溥锐都是其中常客。在奕劻、载振的影响下，家中小辈都很喜欢唱戏。溥锐尤其喜欢唱花面戏，如《艳阳楼》《八大锤》等，他和当时的名净侯喜瑞交情深厚，二人时常一起搭戏，平日侯喜瑞也常去庆王府给溥锐说戏。溥锐曾在自己的一张戏装照片旁写下这样几句话：“是真是幻？非幻非真，剧中人即我，我亦剧中人。”

载振不擅演戏，只喜欢看戏听戏。清代朝廷有明确规定，禁止王公大臣到民间戏馆观剧，因此有财力的王爷会花重金自养戏班。如肃亲王自办安庆社，但大多数皇室只能入宫廷看戏。载振来到天津这个“戏曲大码头”以后，在看戏方面得到了彻底的自由。载振对孩子的管教十分严格，不准许外出看电影、跳舞，但是可以出去听戏。载振与他喜爱的几位名角私交甚笃，溥铨回忆父亲尤爱尚小云、谭富英等名角的表演。尚小云每逢来津必至王府请跪安，待载振示意后才落座。载振常以古玉、牙雕等文玩相赠，间或馈赠银钱。每逢尚、谭二人在津献艺，载振全家必至剧场观摩，中国大戏院落成后，更长期包订头等、二等包厢。尚小云曾特制精致戏台模型相赠，载振非常喜爱。此物高约 50 厘米，宽约 90 厘米，舞台布景、文武场乐器等七八十件微型道具纤毫毕现。1953 年，溥铨出面将其捐赠给天津市历史博物馆。载振对李少春的文武老生造诣也尤为推崇，

左起：溥锐妻、溥锐、溥钟妻、溥钟

坊间甚至流传二人存在义父子关系的揣测，实则仅为艺术知音之交。载振常遣府中厨子特制宫廷风味膳食送至李少春下榻的惠中饭店，李少春也常来王府拜谒。

除了京剧，载振也喜爱其他曲艺形式，家中有人过生日，便在王府中庭举办曲艺堂会。他早年曾邀请过刘派京韵大鼓创始人刘宝全演唱其代表作《大西厢》，梅花大鼓演员、梅花调金派创始人金万昌演唱《老妈上京》，稽古社科班演出过张春华的《时迁偷鸡》。此外他还邀请过著名相声演员常连安、常宝堃（艺名“小蘑菇”）、赵佩茹，京韵大鼓“骆派”创始人骆玉笙（艺名“小彩舞”），单弦演员石慧儒等演出。

尚小云戏装照

尚小云（1900—1976），原名尚德泉，字绮霞，京剧演员、编剧，工旦角。1924 年 2 月，与梅兰芳、程砚秋、荀慧生被北京《顺天时报》评选为京剧“四大名旦”。尚小云的唱腔字正腔圆，刚劲高亢，念白爽朗明快，流丽大方，韵白字清音朗，富于感情，做功刚健又婀娜，塑造了一系列巾帼英雄、侠女烈妇的形象，独树一帜，世称“尚派”。

12 / 一场花案葬送前途

A Scandal That Ruined a Promising Career

载振全家二十多口分住在王府主楼的一层和二层，载振与三侧福晋住在二楼门厅东侧。载振一生共有四位福晋，在他1925年迁居天津时，其他三位福晋已相继离世，只有一位侧福晋陪伴。1947年夏季，虚岁72的载振在一张自己与三位福晋的合影中写了这样一段伤感的文字："此帧念五（廿五）年前余四人住于怡园所照，乃最后一幕艳美时间，不幸于十数载之前，伊三人均先我而去，余今已七十二矣，回忆今年丁亥夏，系四侧福晋五旬冥寿，今冬又为三侧福晋六十冥寿，抚今追昔，则有'流水落花春去也，天上人间'之感耳。丁亥仲夏聊以数言自书以记之。"照片题头又写着"人生若梦，往事如烟，花残叶落，别易见难，循环有数，了却夙缘，天空地阔，渺渺茫茫。"寥寥数句，悲戚孤寂之感跃然纸上，寄托了他对已阴阳两隔的福晋们的无限追思。同年年末，载振也因病离开了人世。或许人之将死，其言也善，实际上载振与几位福晋的关系很难称得上恩爱和睦，他也并未如自己文字描绘得如此深情，不然怎会有震惊朝野、令庆王一家颜面扫地的"杨翠喜花案"与"丁未政潮"？

如果说奕劻最大的污点是贪财，儿子载振便是好色。奕劻儿女众多，却未有一人成器，流传于今的净是些风流韵事。有人曾言"晚清政界趣闻，实推庆邸二子为最"，说的便是载振、载搏兄弟，人称振大爷、搏二爷。二人出生于钟鸣鼎食之家，

载振与三位侧福晋在怡园合影

载振年近半百时，嫡福晋已故，两位侧福晋均不满三十岁，他依然不满足，又看中了家中年仅十八九岁的宁姓婢女。宁女父亲懒惰又有鸦片瘾，便顺势将女儿“卖”给载振做四太太，换得了数目可观的现款及一处房产。载振对宁女异常喜爱，不久，宁女产子，晋封为侧福晋。但其他两位侧福晋对宁女十分不满，双方在生活、家务及财务分配上产生很大矛盾及摩擦，再加上载振不许可宁女回娘家探望亲属，宁女终日郁郁寡欢，患了肺痨病，医治无效去世，年仅二十三四岁。

载振

载搏

染得一身膏粱习气，是京城出名的风流少爷、浪荡公子，以拈花惹草、狎妓御女为乐。且说载搏，他买下了当时京城八大胡同最有名的红宝宝、苏宝宝，藏娇于一室，不料两位宝宝互相争宠、打架，搏二爷便以寻求清静之所为由，出去再寻新欢。振大爷的花案声势更大。时北京有人作竹枝词，讽刺奕劻收干儿，载振、载搏兄弟猎艳之事云："儿自弄璋爷弄瓦，兄曾偎翠弟偎红"。此一段"佳话"在京师内外广为流传。

在"杨翠喜案"发生之前，奕劻载振父子已被多次弹劾。当时奕劻在朝中贪污受贿广结私党，与袁世凯狼狈为奸，引发诸多官员不满。于是晚清高层逐渐形成了两大派系：一方是时任协办大学士、军机大臣、外务部尚书瞿鸿禨，与刚刚奉调入京出任邮传部尚书的地方实力派岑春煊联手，另一方则是庆亲王奕劻加上直隶总督袁世凯。光绪末年，历任都察院御史或出于自身职责，或出于党派利益，开始与岑春煊、瞿鸿禨一道，不断弹劾奕劻贪墨、结党等不法行为，想在政治上扳倒奕劻，而载振作为奕劻唯一活跃在政坛的儿子，自然成为各家讨伐的对象，载振也的确“不负众望”，屡屡做出出格之事。

打响第一枪的是广东道监察御史蒋式瑆。1903 年 11 月 10 日，他上折罗列以奕劻为首的各大权臣之罪状，并言“载振并不禀遵前旨，商律未定即请添设枢臣”，所保举官员皆为无能之辈。但该折因牵连太广，留中未发。同年十月，监察御史张元奇又弹劾载振在馀园等处聚会宴饮、召妓侑酒之事。这段韵事的主角名曰谢珊珊，《上海报》曾报道此事，说载振赴英国贺爱德华七世加冕途中经过上海，游乐之时与苏妓沈莺莺相识，载振称其为“江南第一美人”。定情之夕，莺莺对载振说自己相貌并不出奇，义姐谢珊珊才是绝色佳人。载振十分心动，却听说谢已在天津，载振又迫于专使之命不得立即赶赴，一时抓心挠腮。待归国返津后，马上寻谢珊珊住址，“其荒淫之状，可见一斑”。得知谢已入京，又匆匆追赴，终于得见，二人“三生石上，彼此倾心，遂订偕老之约”。1903 年冬，载振在东城馀园宴请，谢珊珊作陪，极尽灯红酒绿纸醉金迷，微醺之时，二人还合串《翠屏山》一出，丑态百出。虽然当时王公大臣召妓并不罕见，但载振身居要职又正处于风口浪尖，清律明定朝中官员不得召妓，此事一出自然被抓住把柄。但慈禧此时正倚重奕劻，对这次弹劾避重就轻，稍加告诫便敷衍了事。反而载振不堪舆论，请求辞官，慈禧未允。往后来看，这是不善官场的振大爷的惯用伎俩，并非有悔过之心。1907 年，他又因风流成性捅了更大的篓子，这便是“杨翠喜案”，因发生时为农历丁未年，故该弹劾案又称“丁未大参案”，由此引发的激烈政争，史称“丁未政潮”。

杨翠喜何人?

> 燕支山上花如雪，燕支山下人如月。额发翠云铺，眉弯淡欲无。夕阳微雨后，叶底秋痕瘦。生小怕言愁，言愁不耐羞。
>
> 晓风无力垂杨懒，情长忘却游丝短。酒醒月痕低，江南杜宇啼。痴魂销一捻，愿化穿花蝶。帘外隔花阴，朝朝香梦沉。
>
> ——李叔同《菩萨蛮·忆杨翠喜二首》

杨翠喜是清末民初时期京剧和河北梆子女演员、歌妓。她天资聪颖，14 岁即在天津协盛茶园、大观园等戏园登台，以《拾

杨翠喜

玉镯》《梵王宫》《红梅阁》等花旦戏崭露头角，后又受聘于大观园、天仙园，凭借“纤腰如柳、嗓音清越”的舞台魅力迅速成名，被称为“女伶之冠”，引得无数达官显贵、绅士名流趋之若鹜、竞相追捧。这其中便有当时在天津的风流才子，后来的弘一法师李叔同。李叔同不只是简单爱好戏曲，更精通音律、演唱技巧，一次偶然的机会，他在天仙园观看了杨翠喜的《红梅阁》演出，便对其关注有加。据说，李叔同时常到天仙园看戏，与杨翠喜探讨演唱技巧，还为杨翠喜创作新词，杨翠喜则以自创的曲调演唱这些词。杨翠喜还将其中一首词装裱成扇面，每次演出前把扇子放在妆台上，极为珍视。这段才子佳人的传奇不知有几分是后人演绎，但就李叔同为其作的词来看，的确情真意切、婉转动人。

风花雪月终究不敌残酷的现实，杨翠喜的迅速走红也为她招来了祸端。1906 年 10 月 24 日，清廷派遣农工商部尚书载振与巡警部尚书徐世昌，以钦差大臣身份，赴东三省考察行政改制。载振一行计划经由天津乘专车赴奉。直隶总督袁世凯闻讯立即派其心腹、南段巡警总办段芝贵等入京迎接。26 日，载振、徐世昌抵津，袁世凯携僚属隆重接待，南段巡警总办段芝贵特意调集二百余名巡警组成仪仗队迎接。当晚，袁世凯于利顺德饭店设宴款待，席间段芝贵陪同。酒足饭饱之后，段芝贵逢迎载振爱戏之癖好，请其至天仙茶园观剧。戏台上，一青

李叔同（1880—1942）

李叔同 22 岁时扮演黄天霸

衣正演唱《贵妃醉酒》，其唱腔圆滑，身段婀娜，顾盼生姿，赢得观众的满堂喝彩。载振看得如痴如醉，不禁心驰神往，便向段芝贵询问台上之人是谁。段芝贵回答：“其人就是红遍津门的杨翠喜！”载振微微颔首道：“我在京亦有所耳闻，今日得见，果然名不虚传。”并派人将十块大洋送至后台。戏间，杨翠喜赴台下叩恩谢赏，载振心猿意马之态被段芝贵尽收眼底，且载振“名声在外”，段芝贵正欲投其所好。载振与徐世昌离开天津后，段芝贵立即花一万二千两白银将杨翠喜买下，暂托天津商人王益孙照管。次年正月，载振返程之际又在天津逗留，段芝贵连忙借机将杨翠喜送与载振，想以此作为进身之阶。载振大喜，叮嘱段芝贵好生准备为其父奕劻贺寿，言外之意将通过其父奕劻为段谋权。袁世凯集团这一时期正企图将势力覆盖东北，便与段芝贵合谋筹措十万两白银及珍珠蟒袍、貂皮五千张等各种贵重礼品，借庆亲王奕劻寿辰之机进献，并将三省督抚暨其余要职开列一名单进呈奕劻，其中多为私党。

1907 年 4 月 20 日，在奕劻玉成之下，清廷破格提拔段芝贵署理黑龙江巡抚，钦加布政使衔。与段同时擢为巡抚的，还有唐绍仪与朱家宝，徐世昌被提名为总督，他们皆为袁世凯一党。段芝贵以捐班道员身份超擢巡抚，在清朝历史上绝无仅有，震惊朝野上下。瞿鸿禨为官素以清廉刚正著称，他试图借此大做文章，打击权势日益膨胀的奕劻和袁世凯。首先发难的是新闻界，4 月 30 日《京报》率先刊发《特别贿赂之骇闻》，《京报》主编汪康年为瞿鸿禨门人兼姻亲，因此有人猜测消息来源于瞿。报道一出举国哗然，《京报》于 8 月 26 日被勒令停刊。此后《神州日报》《国闻周报》等重要报刊都相继发表大量相关报道与评论，清廷一时颜面扫地。瞿鸿禨同乡，监察御史赵启霖以敢谏著称，5 月 7 日上折参劾段芝贵夤缘奕劻、载振父子，直言："在奕劻、载振父子，以亲贵之位，蒙倚畀之专，惟知广收贿遗，量时艰于不问，置大计于不顾，尤可谓无心肝！"慈禧气恼至极，虽倚重奕劻，亦不能不顾皇族颜面，于是立刻下旨命载沣等彻查，并撤去段芝贵巡抚职位及布政使衔。袁世凯知悉后迅速运作，将杨翠喜暗中送回天津王益孙家中，令其协助隐瞒。总之一番调查下来，无论是重要证人杨翠喜还是贿款十万两均无确凿证据，载沣等人只得以赵启霖所奏不实回复朝廷，致使赵启霖被革职查办。其他御史均为赵鸣不平，纷纷上奏为其请命，赵终得官复原职。

赵启霖被革职的第二天，载振深知自己不见容于舆论，又故技重施奏请开缺。其文言辞恳切之至，有人怀疑是唐文治或他人捉刀代笔。这次慈禧终于准其奏请，载振本就对官场毫无眷恋，这下更乐得清闲。但奕劻并没有放过瞿鸿禨一党，联合袁世凯伺机展开报复。最终，瞿鸿禨、岑春煊均被开缺，在这场政治斗争中彻底失败，庆袁党一家独大。扰攘三个多月的“丁未政潮”至此落幕，成为清末官场腐败、彼此倾轧的典型缩影。

“杨翠喜花案”因牵涉皇族重臣与一代名伶，百年来一直为人津津乐道，诗词、小说、戏曲，各种以此为题材的文艺作品层出不穷，但此案对庆王家族来说并非光彩之事。载振在世时，家人大多对此避而不谈。溥铨听家人说，府里确实没有人见过杨翠喜，当时载振的三侧福晋刚进府，尚未封为侧福晋，府里人还称她为“姑娘”。此案发生后，大家都怀疑她就是杨翠喜。百余年后，当孙女金婉如接受《天津日报》采访时谈论起杨翠喜之事，老人对于这位曾影响祖父命运的女子也并不避

三侧福晋卧室

忌，“在庆王府，大家都承认有杨翠喜这件事，但家中的长辈却从来不谈起，甚至连一张照片也没有”。对于庆王府，杨翠喜仿佛一个传奇故事，已被永远尘封于历史中了。

房间中依然保留着百年前的壁炉。因当时已有暖气供热，壁炉仅作为装饰使用，不需要燃火，也没有烟道。

装饰壁炉

浴室

浴室墙壁安装有汉白玉材质的防潮护墙板。建设时期，配有先进的抽水马桶和花洒、浴盆。

铸铁暖气

王府原有采暖系统为房屋始建时期设置的英国进口散热器热水采暖系统。旧时由地下室锅炉房供热，冬日一天需一吨半煤，花费很大。房屋改造后，地下室换热机房与市政供热管道换热采暖，原有铸铁暖气片和铸铁管道至今依旧能正常运行，让人们感受到穿越百年的温度。

铜质消防栓

百年前王府已有先进的消防设施，中庭墙壁上的铜质消防栓虽不能再使用，但外观至今保存完好。王府的水电、采暖、消防系统体现了当时英租界基础设施的完善，以及西方工业革命给人们带来的舒适生活。

沿用百年的铜制插销

13 / 投资劝业场

Investing in the Quanye Bazaar

二层门厅东侧为载振的卧室和书房，沿用了载振在北京王府的卧室名——“乐有余堂”。北京王府各房间的名称大多没有特殊含义，只有载振所住“乐有余堂”是根据祖上家训命名的。载振晚年赠送亲友礼品时还常常署名“乐有余堂主人”。“乐有余”源于“四留”，是初代庆亲王永璘为后人撰写的家训：“留有余不尽之禄以还朝廷，留有余不尽之财以遗百姓，留有余不尽之巧以还造化，留有余不尽之书以遗子孙”。奕劻在北京海淀离颐和园不远处有座别墅叫“四留堂”，也是据此命名。然而奕劻昭然在四留堂内买官卖官，当面议价，所作所为完全与这四句家训相悖。

载振也没有遵从祖训，他一生纵情享乐，倒确实做到了“乐有余”。除了看戏，载振还有许多奢侈的爱好。据后辈回忆，载振喜欢养花鸟鱼虫，他曾养过龙睛鱼、金鱼、天鹅、野鸭、虎皮鹦哥等。载振出访海外时，曾有人送给他一只红色羽毛、色彩艳丽的外国鹦鹉，非常机灵可爱。它善于学舌，但是也没有人专门教它说话，只跟仆人们学会了一句“太爷爷起来了”。载振还喜爱饲养各类鸣虫，其府邸常年可见相关商人往来不绝，除售卖稀有鸣虫外，还有象牙镂雕为盖的蝈蝈葫芦等精致器物。寒冬时节，载振命人特制铜制保温箱，配有玻璃罩，将虫具转化为了具有观赏价值的文房陈设。他还斥巨资饲养了数十种观赏鱼，府中陈列着上百个鱼缸。这些生物需由专人管理，仅此项开支便相当于平民家庭一年的生活费。后来随着战事四起，时局动荡，王府经济紧张，这些耗费甚巨的物品逐渐被转售或遗弃。

王府二层门厅西侧是溥铨及其妻子的卧室。墙上原有大面积红底、绿底带图案的彩绘，在房屋几易其主后被墙漆掩盖。后来金婉如故地重游时回忆起这间房墙壁是彩色的，于是整修时专家通过数十次的剔、擦和清洗工艺，成功剥露出两块原始墙绘，予以局部保留，让游客能一睹原貌。

溥铨及其妻子的卧室

墙面彩绘图案。一面墙两种颜色，证明按照原来的布局，红墙与绿墙之间应打有隔断。古语有“红官绿娘子”的说法，男子房间涂红色，墙面绘有花中四君子之一的菊花，象征高洁清雅之气；妻室房间涂绿色，墙面绘有牡丹花，寓意花开富贵，寄托夫妻和睦、恩爱白头之愿。

樂有餘堂

乐有余厅

这间房取名“劝业”，是由载振投资劝业场而来，同时“劝”与“铨”同音，具有鞭策勉励儿子之意。载振的寓公生活除了玩乐，唯一值得记载的便是投资兴建劝业场。

劝业场，位于今滨江道与和平路（原法租界杜总领事路，也称梨栈大街）交口。始建于1926年，1928年开业，创办人为高星桥。高为天津人，早年在铁匠铺学艺，做过煤栈推销员、火车司炉，后来又集资开设坤记煤球厂，1910年任井陉矿务局津保售煤处总经理，积累了不少积蓄，1919年投资经营房地产，1920年兴建了天津商场。1924年第二次直奉战争时，天津华界的商店经营凋敝，于是他萌生了建设大型商场的想法，以便容纳众多小本经营的商户，振兴天津商业。关于劝业场的选址，有个颇有趣味的故事，据说是派出了很多调查员，在一些主要路口测算客流量，每有行人经过便在口袋里放一粒黄豆，最后梨栈大街处调查员口袋里的黄豆最多，便由此确定了选址。这种最原始的商业调查统计方式，成就了天津第一家大型综合性商场。高星桥花费十万四千两白银从英国先农公司手中买得了这块面积为五亩二分的地皮，又花白银一万两聘请了“永和公司”的法国工程师穆勒负责大楼的设计工作。

按设计图纸估算，建设资金至少需百万大洋。高星桥同时还在筹建交通旅馆，为与劝业场配套，选址在同一个路口，劝业场斜对面。两项工程同时开工，资金难免捉襟见肘。于是，他开始招募股东，经人引荐结识了载振。当时，随着天津工商业的蓬勃发展，许多富有的军阀官僚、遗老遗少都把资金投向了工厂、银行，入股商业，以求“钱生钱”。载振虽是巨富，维持奢靡的锦衣玉食也是一笔很大的开销，若能以投资盈利自然多了一项更加稳定的经济来源，便同意以三个儿子——溥钟、溥锐、溥铨的名义投资三十万元，成为劝业场的二股东。其他股东还有日本横滨正金银行买办魏信臣、天津钱业公会会长叶兰舫等。

入股劝业场是载振的一个精明决定，而且他的商业眼光十分长远。这是曾经环球考察和商部为官的经历带给他的积极影响。当劝业场建到三层时，第一轮 90 万元的融资已经所剩无几。高星桥又向银行贷款 50 万元，这时其他的股东动摇了，相继退出劝业场，而载振仍然坚持投资。果然，建成后的劝业场也在很长一段时间内给了载振不俗的回报。商场的名称也是得于载振。本来旧法租界工部局希望叫它“法国商场”。高星桥觉得不妥，加上“法国”二字，民众望而却步，不利经营。且投资者均为中国人，顾客群体也以中国人为主，应该按照中国传统的方式命名。犹疑之际，载振给出了建议。1905 年，载振任商部尚书时，设立了京师劝工陈列所，这是官办工艺局的产品展销场，意在“劝人勉力、振兴实业、提倡国货”。载振便为他投资的商场取名“劝业”，经营宗旨以“劝业商场”

劝业场（右）

天津劝业场牌匾

四字为头写出警句“劝吾胞兴，业精于勤，商务发达，场益增新”。定名后，专门重金请来天津四大书法家之首的华世奎撰写，每个字的润笔费为 100 元银洋。华世奎曾是奕劻所组亲贵内阁阁臣，为溥仪书写过《退位诏书》。由于那个时代没有放大技术，所以匾额需要多大，字就得写多大。“天津劝业场”五个字，每个约一米见方，笔法遒劲，气势雄伟。如今这块巨匾亦被国家文物局命名为“中华历代名匾”，成为珍贵的国家文物。

1928 年 12 月 12 日，劝业场正式开业，盛况空前。开业典礼上，法国领事到场，还重金聘请了英国驻军的苏格兰军乐队及仪仗队助兴。开业典礼过后，市民像潮水一般涌入大厦，从早至晚，络绎不绝。虽正值寒冬，也有很多人挤到屋顶花园，站在寒风中眺望风景。楼上还挂满了彩灯，一到夜晚，灯火璀璨，煞为绚丽。

劝业场主体五层，转角局部七层，当时为“华北第一高”。商场内从生活消费品到餐饮娱乐一应俱全，一至三层有售卖绸

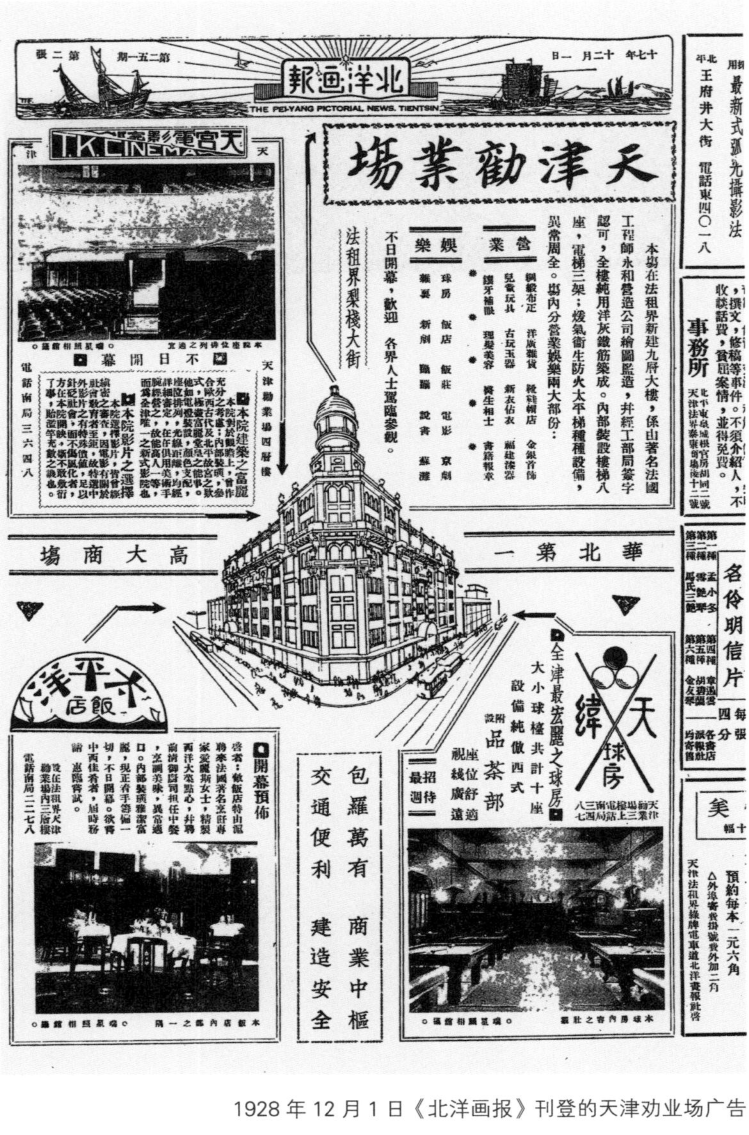

1928 年 12 月 1 日《北洋画报》刊登的天津劝业场广告

缎布匹、成衣、器皿、钟表、首饰、文房四宝、古玩的商号，亦有食品店、饭店；四至六层是剧院、影院、茶社等游艺场，设有天华景戏院、天宫影院、天会轩戏院、天乐戏院、天纬台球社、天纬地球社（保龄球）、天露茶社以及夏天开放的屋顶夜花园“天外天”，时称“八大天”。1935 年，载振六十大寿，便在劝业场六楼“天外天”大摆寿宴。寿堂设在共和厅内，到场亲朋宾客二百多人。邀请了诸多京剧名角演出，剧目有谭富英、尚小云的《四郎探母》，杨小楼、尚小云等的全本《长坂坡》，最后送客戏是扎金奎的《风云会》。

1931 年至 1939 年是劝业场最为辉煌的时期。它的兴盛进一步带动了天津商业中心的转移，即形成了以劝业场为中心，加上浙江兴业银行、交通饭店、惠中饭店四大标志性建筑为主体的梨栈大街商业区。直到今日，和平路滨江道一带依然延续着往日的繁华。

载振对劝业场投入不菲，但却从不过问经营之事，安心做起了甩手掌柜，只派溥钟、溥锐定期与高星桥父子对接。每月月底，劝业场都会向庆王府报送月报，年幼的溥铨和金婉如都曾抄写过，抄完便收起留存，载振从来不看。劝业场生意兴盛的年月，载振分得的红利比银行存款利息高出很多，很大程度上支撑了王府上下的开销。可惜好景不长，随着抗日战争全面打响，天津沦陷，物价暴涨，劝业场内许多店铺因盈利微薄而

载振府内女眷在其六十大寿上的合影。摄于劝业场

東
如

高星桥等人在载振六十大寿上的合影。摄于劝业场

天津交通饭店大楼原称交通旅馆，建于1928年。坐落于和平路（旧法租界杜总领事路）与滨江道（原福煦将军路）交口（和平路239—243号），与劝业场大楼、惠中饭店大楼和浙江兴业银行大楼隔街相对，是天津市和平区文物保护单位和重点保护等级历史风貌建筑。

原交通饭店大楼

天津最近兩大建築 勸業場 交通旅館 不日啓幕 歡迎參觀

勸業場之建造

參觀交通旅館記

Peil room—Class A and Class B—in the Hotel de Communications.

Adjoining every Class A room there is a special room for receiving guests.

The interior of a Class C room.

The interior of a Class D room.

The Tien Hua Ching Theatre in the Industrial Bazaar.

交通旅館 天津勸業場對角 不日啓幕

The reinforced concrete foundation of the Bazaar building

The tower on the top of the Bazaar Building in construction

The reinforced concrete structure of the Bazaar building.

1928 年 12 月 1 日《北洋画报》刊登的天津劝业场、交通旅馆广告

渤海大楼

1933年，高星桥与载振共同出资（利用劝业场盈利）建设渤海大楼，由高星桥之子、井陉矿务局津保售煤处总经理高渤海负责经营，并以他的名字命名。1936年，渤海大楼竣工，高度超越劝业场，成为天津市最高大、最新式的现代风格高层建筑，在很长一段时间里为天津地标建筑。

纷纷撤离，导致劝业场开始走向衰败，最终几乎处于半停业状态。王府失去了稳定的经济来源，还要维持着王府的架子，最后只得不断变卖古物珍宝以抵开支。抗战胜利后，劝业场的经营也没有好转，一生锦衣玉食的载振，从未感受过这种压力，因此积忧成疾，不久便病逝了。

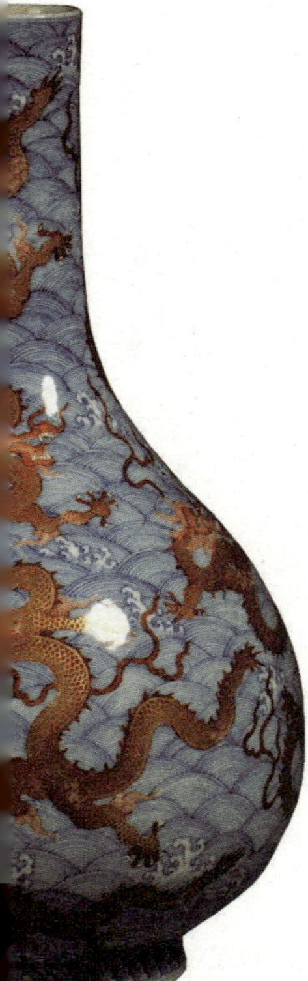

庆王府变卖的各种艺术藏品，由前法国驻华公使达米安·德·马特尔及其后代收藏。这些艺术品，大多用油漆写着“庆王府”几个字，并贴有“天津劝业场”的标志

图片来源：佛罗里达古董与美术公司（Florida Antique & Fine Arts, Inc.）
https://www.liveauctioneers.com/catalog/296066_amazing-prince-qing-zaizhen-collection/

1956 年，在公私合营的大潮下，劝业场划归国有。金婉如等后代代表溥钟、溥锐、溥铨签字，将所持股份捐赠给政府。改制后的劝业场与相邻的天津商场合并，重新焕发生机。一直到 20 世纪 90 年代初，劝业场作为天津零售业的龙头企业，一直引导着天津百货商品的销售潮流，是老一辈天津人难忘的记忆。

14 / 艰难走出的“私塾”

The Arduous Path Out of "Private Confucian Schooling"

族谱记载，载振共有四子，长子溥钟生于 1897 年，次子溥锐生于 1898 年，均为嫡福晋索绰罗氏所生，幼年时都被赏过头品顶戴，辅国公衔。三子溥铎生于 1920 年，两岁便夭折，四子溥铨生于 1923 年，二人均为侧福晋宁佳氏所生。因满族重男轻女，载振的女儿没有任何记载。民国成立后，他对子女仍沿袭着晚清的教育方式，不允许子女在公立学校读书，而是在府内设立专馆，聘请先生教学。在教育这方面，数次出洋的载振甚至不如小德张开明，小德张尚且送孙辈短暂上过“洋学堂”，后因富家子女绑架案频发而中止。而载振的后辈则从未有过这种体验。家仆汪荣堃回忆，1921 年，载振之孙毓定在北京王府的东书房内开始了他的启蒙教育。昌平老秀才门瑞昌受聘为师，每月束脩三十元（古代老师的酬金）。东书房环境清幽，花木扶疏，高大的房屋里陈列着古董和百余部典籍。老师还借此环境带着孙子一并住进书房，由两名书童侍奉左右。开学仪式沿袭古礼，先祭拜孔子牌位，再行拜师礼，随后开始识字教学。最初半年用黄纸方块字启蒙，之后陆续教授《三字经》《百家姓》《论语》等传统蒙学读物。老师还将三皇五帝以来的历史编成简句便于记忆。与当时公立学校不同，这里完全隔绝了新式教育，毓定甚至不知道外界有其他教育方式。课余时间，他只能在仆从陪伴下在庭院散步或玩麻雀牌，这种封闭的生活使他性格文静甚至呆板，年仅 7 岁却不见活泼稚气。

载振嫡福晋肖像图轴，
清人绘。金恒绪捐赠，
收藏于故宫博物院

载振父子从未过问孩子的学习情况。在这种与世隔绝的环境中，毓定的教育完全延续着旧式私塾的传统模式。

溥铨虽比毓定长一辈，但因是最小的侧福晋所生，真实年龄比毓定还小几岁。他学龄时期，全家已搬到天津庆王府，但载振观念未变，溥铨仍是在这种教育环境下长大的。父亲不许他去学校念书，只和姐姐、侄女们在家塾里念经典，见到老师、其他长辈均要行旧礼。在载振的管制下，家族小辈极少与外界接触，溥铨结婚后想要外出做事，父亲不允许，认为家道虽不如前，但生活绝不成问题，皇室后代出去打工成何体统！但是禁不住溥铨一再要求，才允许他出去“做个小事”，但万万不可入政界。后来溥铨到了银行工作，载振还常常留意他是否和政界人物有来往。这大概是载振短短十余载为官生涯给他留下的经验和教训，也是他得以守住自己名节的原因。

前文提及的载振孙女金婉如，是溥锐的长女，比溥铨年长一岁。因为是女性，她的名字从未出现在家谱中，受到的管教也比男性更为严格。她四岁随长辈搬入天津庆王府，直到 21 岁结婚才第一次迈出王府的大门，嫁给了奉系军阀张作相的五子。

新中国成立后，庆王家族的后代才彻底走出王府的高墙，打破宗社的规训，如溥铨言“获得了新生”。溥铨先后在工业企业和民主党派机关工作，并被选为中国民主建国会天津市河西区主委、民建天津市委会常委，兼任天津市人民代表、区政

载振家族合影，左起：溥钟、载振、两位侧福晋、嫡福晋、溥锐。摄于北京庆王府

协常委和区政协书画联谊会副会长等社会职务。溥铨擅长书法，以行楷见长，作品多次参加国内外书画展览。1949年以后，溥铨的侄子、侄女等，也都参加了工作，有的还加入了中国共产党。金婉如做过天津市药材公司职员，业余时间及退休后投入其热爱的书画事业。她擅长画骏马、雄鹰、金鱼、松、竹、梅、兰，书法宗承赵孟頫，其作品多次参加书画展，现为天津市文史馆书画组成员、天津市老年书画研究会会员。今日的庆王府也展出了多幅她的书画作品。

15 / 了却身后事

Settling Final Affairs

王府三层东西两侧房间是载振购楼后加盖的“影堂”，即祖先祠堂。三楼过厅顶部有一处极易错过的古迹，这是王府最高的一根中梁。这根中梁在建筑结构中非常重要，它不仅保证建筑的坚固稳定，同时也蕴含着丰富的传统文化内涵，是天地、神灵与人联结的象征，保佑家族兴旺安康。中国自古以来，人们在房屋即将竣工时都要择黄道吉日举办隆重的上梁仪式。上梁前要先对木料进行净化，按照吉祥尺寸动斧取梁。传统信仰认为，制作好的房梁便有“梁神”在内，不可随意触摸。上梁之日，要用红布绑住房梁，寓意镇邪吉祥。庆王府的房梁刷有红漆，上写“竖柱逢黄道，上梁遇紫微”，中间画有太极八卦图。

东侧入口处设有双面透雕阴沉楠木垂眉罩，雕刻了福禄寿三星、八仙等神话人物，及仙鹤、蝙蝠、梅花鹿、西番莲等祥瑞图案。西侧入口处为双面透雕阴沉楠木落地罩，描绘了渔、樵、耕、读等劳作和生活场景，配以山水和牡丹、灵芝、祥云

三层过厅上方的中梁

等祥瑞图案，表达了祈愿子孙幸福、家庭美好之意。阴沉楠木雕上方配有金丝楠木雕，雕刻有“福到”（蝙蝠）与铜钱。这两处阴沉楠木雕是当年载振专程从北京庆王府运来天津的，据故宫专家判断，应是出自宫廷，其价值甚至超过了整座王府。

晚年载振

其无价之处有二：一是材质，垂眉罩由一整块阴沉楠木雕刻而成，落地罩由三整块阴沉楠木雕刻而成。所谓“阴沉木”是古树被埋藏在地下或水下在缺氧、高压以及脱酸等环境共同作用下，经历上千年缓慢炭化而形成的。至今发现的阴沉木只有青冈、麻柳、香樟、红椿、楠木五种。经 C14 同位素测定，楠木形成时间最长，需八千年以上，其他几种约在三千八百年至六千年之间才能形成。二是技艺，木雕采用了双面透雕，两面的图案、人物几乎呈镜像对称，即正反看是同样的图案。并且这几块木料较厚，不仅正面背面都有雕画，在透空纵深的部分也着刀雕刻，清代《则例》中称之为“玲珑过桥”，北京匠师称之为“穿枝过梗”，最是考验工匠雕刻技艺，为华丽雕刻工艺的代表。

如今木雕上有很多人像的头部不知所踪，猜测可能是在特殊历史时期被破坏，或后来被人拔走赏玩，因为头部为单独雕刻后榫接到身体上的，较易拆卸。

载振原打算死后葬于北京郊外的御赐庆亲王墓。墓群位于今北京市昌平区流村镇白羊城村西的五峰山下，葬有庆僖亲王永璘、庆良郡王绵慜、辅国公绵性、庆密亲王奕劻及末代庆亲王载振嫡福晋索绰罗氏等。墓葬群坐西向东，有神桥、月河、墙圈碑楼，享殿和宝顶式的墓穴。1916 年，嫡福晋索绰罗氏去世后，载振便有意修缮园寝，从 1917 年至 1922 年，历时六载，花费十二万五千余银，在墓区北宫北侧修建了一座园寝以安排自己百年后的归宿。溥铨回忆自己幼时，父亲会拿着碑楼、红墙、享殿的照片给孩子们看，说："这就是我将来的家。"可惜载振这一愿望未能实现。抗日战争打响后，墓穴一带被严重毁坏、挖掘，殉葬品也被盗。载振与三侧福晋去世后暂厝于天津海口路的万国公墓，随后被迁葬至北京东郊的北顶坟地。20 世纪 80 年代，溥铨与家人去羊城村庆王园寝查看时，墓穴上的宝顶均无，主坟已成空洞，棺椁无存，洞内积满碎石瓦砾。今日这片墓葬群中仅有庆僖亲王永璘园寝得以重新修缮。

双面透雕阴沉楠木落地罩

双面透雕阴沉楠木垂眉罩

16 / 厌仕归隐，栖居园林

Retreating from Politics, Dwelling in a Secluded Garden

从主楼逐级而下，东侧即王府花园。见识过御花园的小德张，在府邸设计了一处精致紧凑的中西合璧式山水园林。虽难比北方宏大的中式园林，但在五大道地区的花园别墅中已颇具规模。

花园占地面积约 1500 平方米，由两部分组成。北侧是典型的欧式古典园林，设计规整对称，构图均衡。从王府大门迎面看去，视线非常开阔，却不抢主楼风头。大面积草坪之上，轴线中心设有一个西式八角形石雕喷泉，上有两层圆形水钵，之间雕有精美植物柱饰，下方有垂首展翅、姿态优美的天鹅，基座雕有雄健的兽足，庄重典雅，雍容华贵。细看之下，喷泉也有中式元素，水池四角有四只蟾蜍向中心喷水，有招财聚福之意。

南侧是典型的中式园林，太湖石堆聚而成的假山自北向南层峦叠起，奇石形态各异，或似险峰或似猛兽，纵横拱立，上有藤萝灌木斑驳掩映。远处山石之间，一带清流曲折泻入水潭，潭中还有各类游鱼往来嬉戏。园林东南角最高处有一座六角凉亭，小德张为其取名“槐乡亭”，谐音“怀乡”，朝向其老家静海的方向。亭子后面遍种槐花，每逢花开香气满园。亭下有一石洞，洞内曲径通幽。登上凉亭可以俯瞰花园全景，微风瑟瑟、流水潺潺，顿觉胸襟开阔，远离凡尘。中式园林与西式花园之间，通过小桥流水自然过渡，相映成趣。

花园里的植物也是王府内有生命的珍宝。最难得的是黄金树，这是一种高大的落叶乔木，原产于美国，后引种栽培进入中国，在北方不易成活。据说小德张最初共移栽了七棵黄金树，按照北斗七星方位栽种，将主楼喻为月亮，意在“众星捧月”。如今花园内只剩下三棵半，已有百余年树龄。黄金树的花期在夏季五六月份，开花时白色的花冠点缀黄色、紫色的条纹，一团团一簇簇挂满枝头，有风吹动，花朵便会散落在茵茵绿草之上，烂漫异常。到了秋天九、十月份，树上会挂满了豆荚一样的金色果实，远看仿佛挂满了金条，黄金树也因此而得名。

小德张在花园的北侧紧贴围墙处建有中式平房三大间，两侧各有小耳房一间，这是他抚琴读书的舍馆，取名“伴琴斋”。房间内有小德张自己书写的一块匾额“勤有功，戏无益”，他也常常以此教育晚辈。小德张是一个非常勤奋、自律的人，这也是他成功的关键因素。在天津寓居时，他依然坚持在宫里的作息，每日 4 点晨起，带儿孙在花园里踢腿打拳，或自己练剑，上午看书，下午会友，22 时晚睡，日复一日。小德张在太监中算是长寿的，这也得益于他健康的作息和坚持锻炼身体，他唱武生的功夫到晚年也没放下，79 岁大寿时还能当众表演朝天蹬。但小德张最后也受害于此，他在世的最后一年心脏病发作，医生叮嘱卧床休息，但他坚信多活动才能痊愈，照常到花园浇花、散步，终于力不从心，撒手人寰。

庆王府花园

庆王府花园夜景

喷泉

载振则闲适得多。他为王府花园取名“怡园”，在此乐景忘忧，怡然自得。来天津之前，载振曾在北京城内后海李广桥东购置了一处别墅，带着三位侧福晋一起居住。园内曲径游廊，亭台掩映，林木茂盛，幽静典雅，颇具园林盛景。迁居天津后，旧怡园被卖给了外国教会，名字又给了新王府的花园。载振在园中养了不少水禽、游鱼作玩乐观赏之用。

载振一家在此居住时，院内西侧平房为厨房、汽车房，家中有两辆汽车供家人外出使用。东侧平房为成衣处，一位董姓师傅带着三四个徒弟负责制作载振全家四季的衣着，还包括府内桌围椅靠等布艺用品。如逢喜庆大事，王府上上下下都要做一套新成服，男子着袍子马褂，女子着长衫。成衣处忙不过来会从外边请成衣师傅临时来帮忙。紧贴围墙的平房年久失修，今日的二层附属楼为后期加盖的办公用楼。

不入官场，远离政治是王府两任主人共同的坚持，而这片城市中的山水田园便是他们最好的栖居之所。

17 / 庆王府的命运

The Fate of Prince Qing's Mansion

1947 年冬，载振离世后，家中境况一落千丈，仆人多数被遣散，大家庭越来越难维持，王府再也不复往日风光。1949 年，中华人民共和国成立后，政府接管了庆王府。同年，中苏友好协会天津分会成立，王府成为其办公地点，见证了中俄（苏）外交关系史上一个特殊的时期。

1949 年 6 月，中国开始实行“一边倒”的外交方针，即坚定地站在以苏联为首的社会主义阵营一边。10 月 1 日，中华人民共和国成立。10 月 2 日，苏联第一个宣布承认新中国政权，并与新中国正式建立外交关系。10 月 5 日，新中国成立了第一个由政府主导的民间外交组织，也是新中国当时最大的群众团体——中苏友好协会。总会在北京成立后，全国各地纷纷成立分会、支分会，组织规模飞速扩大。至 1949 年末，全国中苏友好协会的分会与支分会数目已达 150 多个，会员总数达 180 余万人。中苏关系也由此进入“蜜月期”。苏联为中国提供了大量的经济和军事援助，输送了大批各领域的技术专家，援建了一批重点工业项目，使得新中国得以快速发展。社会主义阵营得到了空前的扩大。

1949 年 12 月 22 日，天津市中苏友好协会成立大会和庆祝斯大林七十寿辰大会在中国大戏院合并举行。据《文汇报》报道，当日参加大会的天津市各机关、团体、部队、工厂、学校、各区中苏友协支会代表和苏联侨民共两千余人。著名作家丁玲作为总会代表出席并讲话。大会通过了中苏友协天津分会章程，并选举市长黄敬为会长。

1950 年 5 月 1 日成立的中国人民保卫世界和平大会天津分会也在此办公。

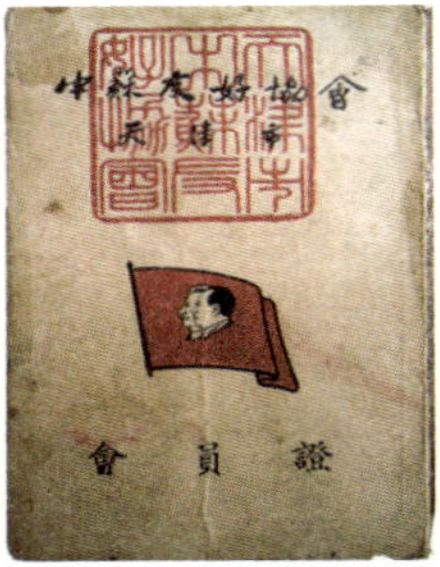

中苏友好协会天津分会会员证

中苏友协会员发展对象非常广泛，只要志愿增进中苏友好的，不分党派、阶级、信仰都可以签志愿书入会，未成年的学生也可入会。据曾为会员的孙玉生先生回忆，当时入会的条件很高，学生要想入会必须品学兼优，还需要缴纳会费，一个学期的会费是 1000 元（严重通货膨胀时期）。该协会工作人员会不定期组织会员活动，由专人向会员介绍苏联的历史、发展情况、百姓生活状况等内容。

郭沫若题中苏友好协会天津分会牌匾

中苏友协天津分会在庆王府办公期间，每逢十月革命节、苏联建军节、2 月 14 日《中苏友好同盟互助条约》签订日以及列宁诞辰等重大节日或纪念日，都会举行隆重的庆祝活动，日常还

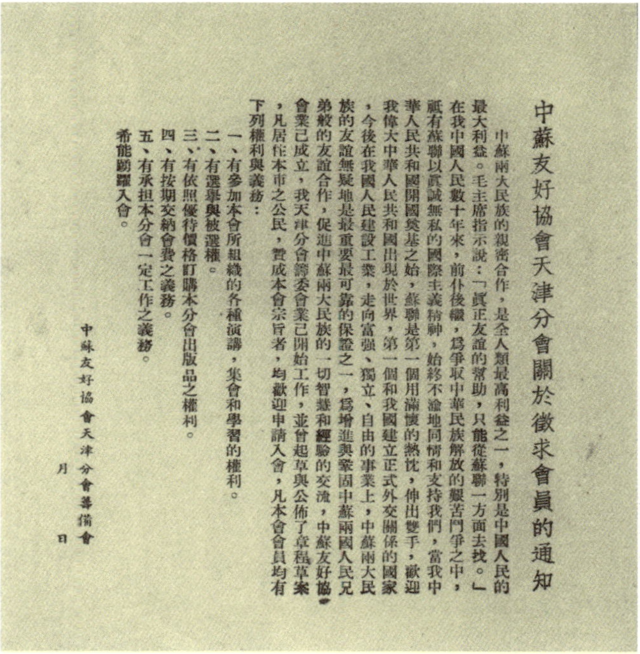

中蘇友好協會天津分會關於徵求會員的通知

中蘇兩大民族的親密合作，是全人類最高利益之一，特別是中國人民的最大利益。毛主席指示說：「眞正友誼的幫助，只能從蘇聯一方面去找。」在我中國人民數十年來，前仆後繼，爲爭取中華民族解放的艱苦鬥爭之中，祇有蘇聯以眞誠無私的國際主義精神，始終不渝地同情和支持我們，當我中華人民共和國開國奠基之始，蘇聯是第一個用滿懷的熱忱，伸出雙手，歡迎我偉大中華人民共和國出現於世界，第一個和我國建立正式外交關係的國家，今後在我國人民建設工業，走向富強、獨立、自由的事業上，中蘇兩大民族的友誼無疑地是最重要最可靠的保證之一，爲增進與鞏固中蘇兩國人民兄弟般的友誼合作，促進中蘇兩大民族的一切智慧和經驗的交流，中蘇友好協會業已成立，我天津分會籌委會業已開始工作，並曾起草與公佈了章程草案，凡居住本市之公民，贊成本會宗旨者，均歡迎申請入會，凡本會會員均有下列權利與義務：

一、有參加本會所組織的各種演講，集會和學習的權利。

二、有選舉與被選權。

三、有依照優待價格訂購本分會出版品之權利。

四、有按期交納會費之義務。

五、有承担本分會一定工作之義務。

希能踴躍入會。

中蘇友好協會天津分會籌備會

月　日

《中苏友好协会天津分会关于征求会员的通知》，上写“今后在我国人民建设工业，走向富强、独立、自由的事业上，中苏两大民族的友谊无疑地是最重要最可靠的保证之一”

为了方便老年人和残疾人参观，整修时在不影响主体结构的原则下，按照可逆性的原则，采用 OTIS 无机房技术在主楼西侧增设无障碍电梯

会举办俄文补习、苏联先进经验展览会、跳舞晚会、游园会、合唱、苏联音乐欣赏、周末电影欣赏等学习和娱乐活动，极大丰富了新中国成立初期人民相对匮乏的文娱生活。1952 年的“中苏友好月”期间，全国各地都在举办苏联电影展，放映了《列宁在 1918》《带枪的人》《攻克柏林》《斯大林格勒大血战》等影片。1954 年，为纪念俄国十月革命 37 周年，天津还专门修建了“十月影院”（旧址位于河北区中山路），这是

天津市人民政府外事办公室办公时期的庆王府

天津市人民政府外事办公室

天津市人民政府外事办公室办公时期的庆王府

新中国成立后天津市新建的第一座影院。当时放映的很多苏联原版电影并没有中文字幕，一般会请俄语翻译现场翻译全部对话并用话筒播报，类似现在同声传译的工作。

20 世纪 50 年代，中苏文艺界交流互访很频繁，苏联诸多代表都曾到天津访问、演出，如著名作家法捷耶夫、西蒙诺夫，苏联红军红旗歌舞团等；天津作家孙犁、方纪也曾访问苏联。1950—1958 年，方纪担任中苏友协天津分会总干事、天津市文化局局长，就住在旧时庆王府内小德张的“伴琴斋”。他在这里创作出了著名的小说《来访者》，在 20 世纪 80 年代被英国汉学家评价为中国可以传世的文学作品；还创作了小说《园中》《开会前》，长诗《不尽长江滚滚来》《大江东去》以及若干散文，在全国影响很大。中苏友协天津分会还成立了“苏联音乐合唱团”，招收了上百名青少年团员。后来许多成员都相继走入专业院团，最著名就是歌唱家李光羲。合唱团排练室就设在庆王府内。曾经回荡着传统戏曲的王府中庭，又响起了《春天来到了我们的战场》《集体农庄之歌》等充满异国风情的时代之声。

20 世纪 60 年代，随着中苏关系的恶化，中苏友协也逐渐退出历史舞台，成为时代的记忆。不过，这座中西合璧的王府仍在延续它与外事工作的缘分。1968 年，天津市人民政府外事办公室迁入庆王府并在此工作 40 余年。同一时期，天津市

《罗曼蒂克消亡史》剧照。其他在庆王府取景的影视作品还有电影《风声》、电视剧《人间四月天》《我是余欢水》等

人民对外友好协会、天津市外经贸委、天津市商务委也先后在此办公。这些机构为天津的对外联络、招商引资、经济发展和建设国际化大都市做出了重要贡献。

由于一直作为政府机构的办公地点，庆王府的建筑保护情况相对完好。除平房年久失修改建外，主体建筑及花园几乎没有受到大的损坏。1991 年，庆王府成为天津市文物保护单位。2005 年，庆王府被确定为天津市特殊保护等级的历史风貌建筑。

2010 年 6 月，按照天津市委、市政府“保护历史风貌建筑，传承城市历史文脉”的部署，市房管局委托天津市历史风貌建筑整理有限责任公司，开始对庆王府进行大规模整修。依据“保护优先、合理利用、修旧如故、安全适用、有机更新”的原则，天津市历史风貌建筑整理有限责任公司联合天津大学、南开大学、同济大学等机构的 40 余个团队，通过近一年的努力，完成了庆王府的整修工作。2011 年，精心修复后的庆王府终于重现昔日光彩。在使用上恢复了餐饮、会客、多功能厅等历史功能，同时增加了文化展示、建筑展示、商务会议和游客服务、休闲娱乐等功能，成为吸引海内外游客的热门文化旅游景点，也成为许多影视剧的拍摄取景地。

参考文献
References

[1] 天津市国土资源和房屋管理局，天津市历史风貌建筑整理有限责任公司编 . 庆王府大修实录 [M]. 天津：天津大学出版社 ,2014.

[2]《庆王府》编写组编 . 庆王府 [M]. 天津 : 天津大学出版社 ,2013.

[3] 航鹰，刘悦 . 清宫的门缝儿 [M]. 北京：文化艺术出版社 ,2021.

[4] 载振，唐文治 . 英轺日记两种 [M]. 董佳贝，李文杰整理 . 江苏 : 凤凰出版社 ,2023.

[5] 张仲忱 . 我的祖父小德张 [M]. 天津市口述史研究会编 . 天津 : 天津人民出版社 ,2016.

[6] 马平安 . 奕劻评传：庆亲王与晚清政局 [M]. 北京 : 团结出版社 ,2023.

[7] 马平安 . 最后一个铁帽子王: 爱新觉罗·奕劻的是是非非 [M]. 北京 : 中华书局 ,2016.

[8] 中国国家图书馆 . 中国国家图书馆藏清宫昇平署档案集成 [M]. 北京 : 中华书局 ,2011.

[9] 全国政协文史和学习委员会 . 回忆晚清宫廷生活 [M]. 北京 : 中国文史出版社 ,2016.

[10] 爱新觉罗·溥仪 . 我的前半生 [M]. 北京 : 北京联合出版公司 ,2018.

[11] 周乾 . 故宫建筑细探 [M]. 上海 : 上海人民出版社 ,2023.

[12] 天津市档案馆 . 中俄 (苏) 交往天津档案史料选编 [M]. 天津 : 天津古籍出版社 ,2023.

[13] 王玉伟 , 韩扬 . 北京文物建筑大系：府邸宅院 [M]. 北京 : 北京美术摄影出版社 ,2011.

[14] 天津日报传媒集团 . 天津小洋楼：名人故居完全档案（第二卷）[M]. 天津 : 天津教育出版社 ,2011.

[15] 易宏昌 . 访欧与仿欧：清末宗室出使日记视域下的西洋认知与新政举措 [D]. 山东大学 ,2023.

[16] 徐蕾 , 刘力 . 天津五大道街区围墙文化探缘 [J]. 华中建筑 ,2013,31(8):159-161.

[17] 刘鹏超 . 载振与晚清商部的创设 [J]. 科教导刊 (中旬刊),2012,(4):135,214.

爱新觉罗·载振大事年表

Major Events in the Life of Aisin-Gioro Zaizhen

1876 年 3 月 31 日 出生于北京，为庆僖亲王爱新觉罗·永璘曾孙，庆密亲王爱新觉罗·奕劻长子。

1889 年 获赏头品顶戴

1894 年 晋封二等镇国将军

1901 年 赏加贝子衔

1902 年 4—9 月 任头等专使大臣赴英参加英王爱德华七世加冕典礼，并顺路前往比、法、美、日四国进行访问。出访报告《英轺日记》于翌年出版。

1903 年 4 月下旬至 6 月初 与那桐率团赴日本考察，参加大阪举办的第五届劝业博览会，并参观炮兵工厂及农事场所等。

1903 年 9 月 清政府设立商部，任商部尚书。

1906 年 10 月 商部改为农工商部，仍任尚书。

1907 年 因“丁未大参案”申请开缺，辞去尚书职。

1909 年 5 月 前往日本呈递国书，答谢该国曾派员来华为光绪皇帝送葬。

1911年6月 再度被任命为头等专使大臣,赴英国致贺英王乔治五世加冕。

1917 年 1 月 奕劻病逝，时任大总统黎元洪根据“优待清室条件”认定载振承袭庆亲王爵位。

1925 年 举家迁居天津，购得小德张重庆道公馆作为王府，并加盖三层影堂。

1928 年 结识高星桥，投资其创办的劝业场、交通旅馆。

1933 年 与高星桥共同出资（利用劝业场盈利）建设渤海大楼。

1935 年 六十大寿，在劝业场六楼“天外天”大摆寿宴，到场亲朋宾客二百余人。

1947 年 12 月 31 日 病逝于天津，享年 71 岁，私谥曰“贞”。